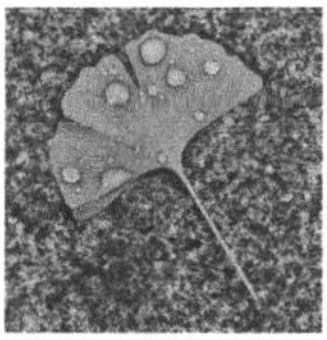

中国高等教育资源配置改革问题及对策研究

ZHONGGUO GAODENG JIAOYU ZIYUAN PEIZHI
GAIGE WENTI JI DUICE YANJIU

岳　武　靳英丽/著

东北师范大学出版社
长　春

图书在版编目（CIP）数据

中国高等教育资源配置改革问题及对策研究/岳武，靳英丽著．—2版．—长春：东北师范大学出版社，2015.3（2025.7重印）
ISBN 978-7-5681-0325-1

Ⅰ.①中… Ⅱ.①岳… ②靳… Ⅲ.①高等教育—教育资源—资源配置—研究—中国 Ⅳ.①G649.2

中国版本图书馆CIP数据核字（2015）第269433号

□策划编辑：李桂清
□责任编辑：包瑞峰 □封面设计：张 然
□责任校对：曲延涛 □责任印制：张允豪

东北师范大学出版社出版发行
长春净月经济开发区金宝街118号（邮政编码：130117）
网址：http：//www.nenup.com
东北师范大学出版社激光照排中心制版
河北省廊坊市永清县畔盛亚胶印有限公司
河北省廊坊市永清县燃气工业园榕花路3号（065600）
2015年3月第2版 2025年7月第3次印刷
幅面尺寸：148mm×210mm 印张：7.625 字数：227千

定价：46.00元

摘　　要

党的十八大报告提出“努力办好人民满意的教育”，这是我们党站在全面建成小康社会、加快推进社会主义现代化、建设实现中华民族伟大复兴的战略全局作出的重大部署，为当前和今后一个时期我国教育改革发展指明了方向。因此，进一步深入探索我国高等教育资源配置问题并寻求其优化路径，不仅意义重大，而且势在必行。

高等教育资源包括人力资源、财力资源、物力资源、制度及管理因素。高等教育资源配置改革，是指通过调整高等教育发展要素组合，改变不合理的配置方式，完善资源配置机制，达到控制成本、提高效益、提升质量、实现公平的目的。我国高等教育资源配置改革正面临着物质财富不丰富和区域经济发展水平不平衡的社会现实，还面临着民众对高等教育资源需求与高等教育优质资源供给不足的突出矛盾，更面临着由于经济体制转轨而带来的高等教育资源配置需要进一步完善等问题。

因此，深入研究我国高等教育资源配置改革问题，探索并构建与社会主义市场经济相适应的高等教育资源配置机制，不仅是促进我国高等教育又好又快发展的需要，还是应对国际经济、社会重大变革等艰巨挑战的需要。

本文的主体部分由总论、分论两篇所构成。

总论篇，包括前五章内容。

第一章，即中国高等教育资源配置改革的重大意义和基础理论；第二章，即中国高等教育资源配置改革的历程和主要成绩；第三章，即中国高等教育资源配置改革存在的主要问题及原因；第四章，即主要发达国家及俄罗斯高等教育资源配置的主要经验和启示；第五章，即深化中国高等教育资源配置改革的原则和对策。

分论篇，包括后三章内容。

第六章，即中国高等教育资源配置改革的专题分析及政府角色定位；第七章，即深化中国高等教育资源配置改革的主要任务和着力点；第八章，即深化中国高等教育办学体制改革的对策建议。

本文的创新点。

一是在归纳总结我国转型期高等教育资源配置中的系列问题基础上，以马克思主义基本原理为指导，针对高等教育资源配置的内涵和外延，并结合我国现阶段经济社会发展特征，系统整合了国内外关于教育资源配置问题的理论。

二是以马克思主义制度学说为基础，吸收新制度经济学理论中的部分内容，从高等教育的规模、结构、质量和效益视角，以制度分析的方法研究教育资源的均衡配置问题，使得教育公平的实现和发展更具现实性和可操作性。

关键词：高等教育资源；配置改革；原则；对策

Abstract

The seventeen big report of the party puts forward "to deepen the understanding of rules of pair of socialist market economy, introduce institutions to give better play to the market in allocating resources to the basic role of". This markedChina's market allocation of resources model has entered the stage of building the system, on the other hand also shows that in the field of higher education to further play "market in the allocation of resources to the basic role of". Therefore, further exploration of higher education resource allocation in China Problems and find the optimal path, not only of great significance, but also be imperative.

Higher education resources include human resources, financial resources, material resources, institutional and management factors. The allocation of resources of higher education reform, is refers to through the adjustment of the higher education development factors, change the unreasonable allocation, perfect resource configures a mechanism, achieve the control cost, improve efficiency, enhance quality, realize the fair aim. Higher education resource allocation in China reform is facing material wealth is not rich and the level of regional economic development imbalance in the social reality, but also facing people on higher education resource demand and high quality of higher education resource supply deficiency to highlight contradiction, facing the transition of economic system and the allocation of higher education resources need further perfect wait for a problem.

Therefore, in — depth study of China′s higher education resource allocation reform, explore and build suit with photograph of socialist market economy higher education resource allocation mechanism, is not only promote China′s sound and rapid development of higher education needs, and coping with the international major economic and social changes such as difficult challenges.

This paper consists of two articles which.

Part one is introduction, including the first five chapters of contents:

The first chapter that Chinese higher education resource allocation reform and basic theory; the second chapter of China′s higher education resources allocation the reform process and the main achievements; the third chapter is the allocation of resources for higher education reform in China : Problems and causes; fourth chapter is the major developed countries and the allocation of Higher Education resources the main experiences and Enlightenments the fifth chapter; that deepens the Chinese higher education resource allocation principle of reform and countermeasure.

Part two is on, including the three chapter:

The sixth chapter is the allocation of resources for higher education reform inChina from the thematic analysis and role of the government; the seventh chapter to deepen Chinese higher education resource allocation reform main task and key point; the eighth chapter to deepen Chinese higher education reform countermeasures.

The innovation of this paper:

One is summarized in the transition of our country higher education resource allocation problem based on the series, with Marx s basic principle, in view of the higher education resources allocation in connotation and extension, and the combination of China's current economic and social development characteristic, system integration at home and abroad on the educational resources allocation theory;

Two is the Marx doctrine system based on the theory of new institutional economics theory, absorb part of content, from the higher education scale, structure, quality and benefit perspective, with system analysis method to study the education resources balanced allocation problem, that the realization of educational equity and the development of more practical and operable.

Keywords: higher education; resource allocation; Principle; countermeasure

目　录

分 论 篇

总 论 篇

第一章

中国高等教育资源配置改革的重大意义和基础理论

第一节　高等教育资源配置改革的概念界定

一、高等教育资源的内涵及属性

（一）高等教育资源的内涵

《中华人民共和国教育法》规定："国家实行学前教育、初等教育、中等教育、高等教育的学校教育制度"，"本法所称高等教育，是指在完成高级中等教育基础上实施的教育"，"包括学历教育和非学历教育"，"全日制教育和非全日制教育形式"，"本法所称高等学校是指大学、独立设置的学院和高等专科学校，其中包括高等职业学校和成人高等学校"。

从已有的文献看，对什么是高等教育资源，目前还没有形成统一的认识。有人认为，高等教育资源泛指能够从事各类教育工作的各种以及经教育过程能够转化为生产力的教育成果（周丽，2007）；另一种认为高等教育资源通常是指对人类有价值的所有组成的集合，包括自然资源、人力资源、信息资源，时空资源和制度资源（康宁，2005）；还有一种认为高等教育资源是指全社会投入高等教育领域，用于培养高级专门人才的所有资源，主要包括人力资源、物力资源、财力资源等（许剑，1997）。

笔者认为，高等教育资源可以从广义和狭义两个方面来理解。

广义的高等教育资源，是指能够促进高等教育发展的一切社会存在，有三种表现形式，即物质形态的存在，如能够促进高等教育发展的各种设施、资产等；运动形态的存在，如相关人员的能够促进高等教育发展的组织活动；思维形态的存在，如能够促进高等教育发展的思想理论、知识体系等。换言之，高等教育资源，是指自有高等教育活动和教育历史以来，在长期的文明进化和教育实践中所创造积累的教育知识、教育经验、教育技能、教育资产、教育费用、教育制度、教育品牌、教育人格、教育理念、教育设施以及教育领域内外人际关系的总和。

狭义的高等教育资源，则是指能够推进高等教育发展的人力、财力、物力。

本书立足于广义的高等教育资源概念，从狭义的界定入手进行阐述。

（二）高等教育资源的属性

在高等教育资源性质划分上，国内学者主要有三种观点：高等教育资源是一种具有外部性的私人产品；高等教育资源基本上属于一种公共产品；高等教育资源是一种混合公共产品（闵维方，2003）。应该说，这三种观点从本质上都源自于西方经济学的理论。

对高等教育资源属性的认识差异将导致配置方式的差异。中国几十年来的免费高等教育，就是在“教育是纯公共产品”的理念影响和指导下促成的，也正是这一“指导思想”，将政府推向了尴尬的境地，导致某些地方政府陷于信用危机（地方财政不能保证正常的公共教育经费，致使公共教育难以为继），并产生“教育贫困”现象（汪开寿，2008）。

按照现代公共经济学的理论分析，教育事业从整体上看属于一种比较典型的准公共产品。《我国教育法制建设的宏观改革背景》一文对教育是准公共产品的内涵、外延进行了详细阐述（劳凯声，2005），即如果一种公共产品的消费者群体扩大到一定数量时，边际成本开始上升，那么这种公共产品就是准公共产品。例如，在学校规模未达到饱和之前，增加一个学生并不会影响其他学生的学习，此时不需要增加投资扩建学校，这时的教育更多的表现为公共产品的性质；但如果学校人数继续增加终将会导致饱和，并将限制其他人进入学校接受教育，使教育在某种意义上具有了效用的可分性，从而具有了准公共产品的性质。关于高等教育准公共产品属性的阐述还有“义务教育以上阶段的教育具有消费的竞争性，高等教育更明显地具有‘排他性’的特征”，“高等教育不光使受教育者直接受益，而且具有正的外部效应”（闵维方，2003）。

我们应当根据不同的教育阶段明确不同的投资主体，义务教育是每个公民都应当享有的权利，关系到社会的起点公平问题，因此费用应当由政府承担。高等教育和职业教育的私人产品性质较义务教育阶段明显，遵循“利益获得”和“能力支付”原则，在保证政府投资的基础上，应鼓励企业、社会团体的个人的投资，应形成多元化投资主体共存的局面，这是现代公共经济理论给我们的启示。[①]

笔者认同经济学理论把高等教育作为公共资源基本概念，认同高等教育的准公共产品属性，认为高等教育的准公共产品属性观点是我国教育理论的突破，决定了教育的不完全市场提供和有限的市场调节性质。对高等教育资源准公共产品属性的认识是研究我国高等教育资源配置改革问题的前提基础，是教育投融资市场形成的逻辑起点。[②]

二、高等教育资源配置改革

（一）高等教育资源配置

资源配置是指社会对其拥有的各种资源在不同范围内、不同用途之间的分配。资源配置的实质就是社会总劳动时间在各个部门之间的分配。资源配置的核心问题是经济效率问题。资源配置合理与否，对一个国家经济发展的成败有着极其重要的影响。一般来说，资源如果能够得到相对合理的配置，经济效益就显著提高，经济就能充满活力；否则，经济效益就明显低下，经济发展就会受到阻碍。

关于高等教育资源配置，从配置内容上看，高等教育资源配置有广义和狭义之分：广义是指一切用于高等教育的资源配置，

---

① 岳武．我国转型期教育投资的理论思考［J］．东北电力大学学报，2009（5）：76—78．

② 岳武．转型期我国教育投资制度创新述论［J］．东北师大学报（社科版），2010（1）：147—152．

包括人力、物力、财力、时间、空间和信息等的配置；狭义则仅指高等教育的财力资源配置（闵维方，2003）。从配置层面上看，宏观上，高等教育在三级教育（初等教育、中等教育和高等教育）中的资源配置比例；中观上，高等教育资源在不同区域、不同高校、不同阶层之间的配置状况；微观上，高校内部配置，即高校将教育资源在不同的学科、院系、层次上的配置（周丽，2008）。从配置方式上看，在社会化大生产条件下，高等教育资源配置有三种方式：计划配置、市场配置和计划与市场的混合配置。从配置途径上看，包括管理体制、办学体制、投资体制、招生与就业体制等方面的内容，涉及高校的教学改革，包括学科、专业和课程设置等方面的内容，还涉及高校师资队伍建设等诸多改革项目。[①]

笔者则认为，市场配置社会主要资源的制度确立后，政府、学校、企业、个人是平等互惠的关系，政府、学校、企业和个人各方相互评判、相互督导。应将政府定位为“建设者”的角色，政府的作用在于市场的培养、构建和制度建设上，作用在于向学校、企业和个人提供优质公共服务；学校的作用是向社会提供社会所需人才；企业的作用是利用人才创造社会价值；个人的作用是通过“人力资本”进行扩大再生产。

（二）高等教育资源配置改革

所谓改革，是指一切在不改变社会根本制度的前提下，以和平的方式调整生产关系和上层建筑以适应生产力发展的性质、水

① 赵庆典. 高等学校办学模式研究［M］. 北京：人民教育出版社，2005. 56—57.

平和要求的变革。而邓小平理论中的改革，则是指党的十一届三中全会以后所发生的一切深刻改变我国社会贫穷落后状态的根本性变革。很显然，也包括高等教育资源配置方面的根本性变革。

自1985年以来，我国高等教育改革和高等教育资源配置改革逐步全面展开，取得了明显效果，主要体现在高等教育办学体制改革、高等教育管理体制改革、高等教育投资体制改革、高考和毕业生就业制度的改革、高等学校后勤管理改革，还涉及高校的教学改革，包括学科、专业和课程设置等方面的内容，以及高校师资队伍建设等诸多改革项目①。

从1978年的十一届三中全会到社会主义市场经济体制的建立健全时期，是我国的经济社会转型期。由于社会主义市场经济体系的确立，高等教育资源配置主体由原来单一配置主体向多元的配置主体进行转化；高等教育资源配置方式由市场机制逐步替代计划经济体制下的以政府行政垄断为特征的资源配置方式。

上述中的“转化”和“替代”等关键词，是中国高等教育资源配置改革的核心理念。具体理念还包括如下几个方面：

——高等教育资源配置改革的目的，是使教育资源的得到优化、充分开发和合理利用，实现社会效益的最大化。

——高等教育资源配置改革的主要任务之一，是进行社会主义市场经济条件下高等教育管理体制的改革。

——高等教育资源配置改革的发展趋势，是进一步健全高等教育资源配置的法制建设。

---

① 赵庆典. 高等学校办学模式研究［M］. 北京：人民教育出版社，2005. 56—57.

第二节 中国高等教育资源配置改革的重大意义

在计划经济体制下，由国家按计划配置高等教育资源，是我国适应国民经济发展需要的重要保证。1992年，党的十四大确定了建立社会主义市场经济目标后，通过市场机制配置社会资源的作用越来越明显，直接触动并加快了传统高等教育资源配置方式的改变或改革。一是市场机制成为影响教育资源配置的主要因素，并成为推动教育资源配置不断优化的潜在动力；二是资源配置主体的多元化使资源配置的决策权从集中垄断向区域化和分散化发展；三是政府在宏观管理上施行了有限干预的政策（康宁，2005）。

高等教育资源配置的改革是一项利国利民的大计，无论是对高等教育自身发展，还是对于我国的社会、经济等发展都会产生广泛而深刻的意义。

一、有利于促进高等教育投资主体的多元化，提高教育资源利用率

我国人口数量多、经济发展水平低的国情，决定了国家对于教育资源投入少的必然性，从而导致了我国高等教育发展资金先天不足的现象。而没有必要的教育投入，教育的发展就无从谈起。在现代高等教育资源配置的多元化、市场化、产业化和国际化发展趋势下①，高等教育也要走向市场来寻找除了国家以外的

① 刘宛晨．促进我国高等教育入学机会公平的财政政策研究［J］．财经理论与实践，2007（6）：12－14．

其他投资主体，来弥补国家对于其教育资源投入的不足，同时资源配置主体的多元化，相互主体之间形成一种制衡作用，有利于加强对于高校及主体之间的监督，减少教育腐败和教育的泛滥发展，增强高等教育办学的活力；促进高校的良性发展。只有这样，高等教育才能适应市场经济发展的要求，才能更加健康、持续地发展。

长期以来，由于国家对于高等教育的管理不到位，使得本来就很稀缺的教育资源利用效率非常低，导致了资源的浪费。例如，一些高校为了获得更多的教育资源拼命地增加学校的专业设置，使得同一学校学科相似率极高；一些大学城里出现很多相同的专业等。针对此进行高等教育资源配置的改革，破除教育资源条块分割的状态，实行教育资源的集中分配，可以减少部分资源的重复建设，提高资源的利用率。

在学校内部通过改革校内人事改革管理，减少不必要的开支；按照“小机关、多实体、大服务”的原则来改革学校的后勤服务工作，并逐步使之社会化、市场化，从而使学校能集中精力提高教学质量和科研水平，[①] 真正地提高高等教育资源的利用效率。

二、有利于高等教育发展的时代化和市场化，缓解大学生就业难问题

高等教育的发展模式和发展道路不是一成不变的，它应随着时代和市场经济的发展进行适度的调整，以保证教育发展的先进

① 许剑. 高等教育改革热点问题研究［M］. 北京：北京师范大学出版社，1997. 81.

性和实用性。缺乏办学主动权的高等教育，由于政府过多的行政干预，导致自身的灵活性很差。目前我国正处于经济转型时期，产业结构调整速度甚快，而高等教育改革步伐缓慢，传统产业人才供过于求，而新技术产业人才严重不足，从而导致了劳动力市场供给和需求之间的严重不平衡，这一方面不利于经济的快速发展和产业结构的有效调整。另一方面也导致了我国劳动力市场的就业难的问题，不利于社会的稳定。通过高等教育资源配置的改革，制定相应的法律和法规、减少政府对于高校的行政干预，把办学的主动权还给高校；让高校有足够的主动权根据时代的发展调整专业设置和学习目标、确定招生规模等，这样才能更有效地保持劳动力市场的供求平衡，缓解大学生就业难的问题，进而真正发挥高等教育对于社会发展的推动作用。

三、有利于促进我国高等教育区域协调发展，促进教育公平的实现

高等教育是从事专门人才和科学知识的生产和在生产的特殊行业，高等教育的“产品”——有一定文化知识和技能的人才和劳动者——是生产中最活跃也是最具决定性的因素。因此，高等教育是现代化建设的基础，是一种战略性的基础产业，是区域发展的不竭动力。①

长期以来，我国区域发展不平衡的一个重要原因在于高等教育资源分布的不平衡，因此进行高等教育资源配置的改革，根据不同地区人口和社会发展的需要，整合配置高等教育资源，例如

① 高文兵. 中国高等教育资源分布与协调发展研究［M］. 北京：高等教育出版社，2008. 07.

加大对中西部地区教育的投入、建立东西部地区高等学校的“对口”支援、建立与国外先进地区的联合办学、结合地区资源优势，配置相应的教育资源等，进而促进高等教育与区域、资源的良性互动、发挥高等教育资源对于区域发展的带动作用，有利于促进我国区域的协调发展，促进教育公平的实现。

四、有利于促进我国人口素质的可持续提高，加快人力资源的转化

深化高等教育资源配置改革，有利于加速人口大国向人力资源强国转化的进程。教育是实现我国现代化和中华民族复兴目标的基础工程，教育是我国应对国际竞争的前提条件，教育是在社会主义初级阶段促进人的全面发展的根本途径。伴随现代化建设的快速发展，我国提出了转入全面协调可持续发展的轨道、走新型工业化道路、坚持自主创新、向创新型国家迈进等发展战略。高等教育应针对国家发展战略需要，调整发展目标，积极为国家建设提供强有力的人才支持和智力贡献。

我国一直是世界上人口最多的国家。在13亿人口的巨大压力面前，人力资源开发面临着劳动力供给总量绝对过剩和结构性失衡并存的“双重性”问题，劳动力供给与需求间的平衡、就业与经济增长间的良性循环短期内难以形成。面对人口大国向人力资源强国转化的迫切任务，加快人力资源开发，提高自主创新能力便成为推进“人力资源强国”的关键环节。

通过深化高等教育资源配置改革，可以显著提高人力资源的质量、挖掘人力资源的潜力、合理配置和使用人力资源。加速“人口大国向人力资源强国转化”的进程。

第三节 中国高等教育资源配置改革的基础理论

一、马克思主义学说中的相关基础理论

笔者认为，在马克思主义学说中与中国高等教育资源配置改革的相关基础理论，主要有：一是马克思主义制度学说；二是劳动价值论；三是所有制理论。

（一）马克思主义制度学说

为深化对社会主义市场经济规律的认识，从制度上更好发挥市场在资源配置过程中的基础性作用，我们必须以辩证唯物主义和历史唯物主义的基本原理为指导，运用马克思的社会发展理论把握以制度主义为核心的动态的制度变迁理论体系，这将有利于我们把握我国经济社会发展的阶段性特征，有利于正确认识和处理与发展相联系的各种利益关系，避免为完善经济社会制度而迷失社会发展方向，并最终实现我国经济社会全面、协调、可持续的发展。

“制度变迁”是在现代语境下引入到马克思主义经济学的舶来语。经典作家的制度变迁理论是制度理论的关键。关于制度变迁原因动力的理解，“社会的物质生产力发展到一定阶段，便同它们一直在其中活动的现存生产关系或财产关系发生矛盾。于是这些关系便由生产力的发展形式变成生产力的桎梏。那时社会变革的时代就到来了。随着经济基础的变更，全部庞大的上层建筑也或慢或快地发生变革”；关于制度变迁方式的理解，在上面引

用的经典名言中，马克思提到上层建筑会发生“或慢或快”地变革，即现在所说的渐进式和激进式；关于制度变迁方向的理解，马克思主义经典作家认为事物的发展是从简单到复杂、从低级到高级的“螺旋式发展”的过程，“我们没有最终目标，我们是不断发展论者，我们不打算把什么最终规律强加给人类。关于未来社会组织方面的详细情况的预定看法吗？您在我们这里连它们的影子也找不到”；关于制度变迁标准的理解，马克思主义经济学的标准是生产力，“无论哪一个社会形态，在它所能容纳的全部生产力发挥出来以前，是决不会灭亡的；而新的更高的生产关系，在它的物质存在条件在旧社会的胞胎里成熟前，是决不会出现的”；关于制度变迁主体的理解，马克思在《1844年经济学哲学手稿》中就提出：“整个所谓世界历史不外是人通过人的劳动而诞生的过程”。在《关于费尔巴哈的提纲》中，马克思明确指出：从前的一切旧唯物主义的主要缺陷就是没有看到人的主体性和人的活动的巨大能动作用。人在制度变迁中的主体性包含在社会基本矛盾的历史运动中，体现在人在制度发展进程中对制度的创造和选择上。

重温马克思的制度变迁理论有助于我们更加坚定马克思的社会发展理论信念，有助于进一步厘清我国社会转型中的系列问题，对全面深刻认识各种社会关系和社会活动，了解社会整体运行和发展规律具有十分重要的意义。

一是充分认识经济社会转型的长期性和复杂性，不断发掘高等教育资源配置改革的动力。

我国的社会主义市场经济改革一方面是从落后的自给自足的自然经济向市场经济的转轨；另一方面是从传统的计划经济体制向市场经济体制的转轨，这种经济社会双重转轨的复杂性决定了我国制度变迁的长期性和艰难性。由于制度本身是稀缺资源，经常性制度供给会出现不足。因此，高等教育改革更加依赖于改革进程中能否解决好“路径依赖”问题，以市场经济制度的缺失和供给不足及激励等问题为研究对象，不断削弱改革阻碍力量，积极培养改革新生力量，避免进入“锁定状态”，这是中国深化各项改革都必须解决的关键问题。

二是正确认识政府在高等教育资源配置中的作用，积极发挥政府的制度供给作用。

我国的社会主义市场经济体制改革是在政府主导下进行的，由政府进行制度安排是唯一的选择。我国的高等教育资源配置改革在由行政范式向契约范式过渡过程中，因为长期受计划经济体制的影响，而缺少建立市场经济的一些基础性政治经济环境，致使个人和团体因创新成本之虑而扼杀他们的创新冲动。因此，为推动高等教育资源配置改革的持续发展，政府应积极扮演高等教育市场环境“建设者”的角色，保证公民与社团能够充分表达制度需求，从而达到激励政府制度供给，实现制度变迁的目的，这是我国高等教育又好、又快、可持续发展的内在要求。

三是重视制度变迁理论中意识形态辅助作用的发挥，减少摩擦，节约成本，克服“搭便车”问题。

马克思主义制度变迁理论的不断创新和具体化丰富了我国转型期高等教育资源配置理论的基础内容，为我国目前体制深刻转换、结构深刻调整、社会深刻变革时期的思想政治工作提供了理论工具，可以减少摩擦，节约成本，克服“搭便车”问题。

（二）劳动价值论

马克思主义的劳动和劳动价值论是以第一次工业革命为背

景，在充分吸收英国古典政治经济学精髓后形成的。“随着大工业的发展，现实财富的创造较少地取决于劳动时间和已耗费的劳动量，较多地取决于在劳动时间内所运用的动因的力量，而这种动因……取决于一般的科学水平和技术进步，或者说取决于科学在生产上的应用。”这一理论揭示了商品两因素和劳动两重性，揭示了资本主义生产方式的基本矛盾和本质特征。

伴随经济社会的发展，劳动的形态和性质发生了新的变化。在生产和服务领域，内含知识创新的科技工作和经营管理工作成为一种重要形态，传统意义上的劳动者的界限被打破。在新的历史条件下，我们必须不断深化马克思主义劳动和劳动价值理论，必须正确把握我国社会财富创造的特点。价值和财富的创造已经发生了很大的变化，一是科学技术和科技劳动发挥着第一生产力的作用，带来了劳动生产率的大幅度提高；二是科学的管理提高了劳动效率，加快了社会财富的增长；三是第三产业越来越成为创造社会财富的主要部门；四是参与价值和财富创造的生产要素越来越多，它们的作用已经发生并将继续发生重大变化。① 面对价值和财富创造发生的上述变化，劳动成为了创造价值和财富的最主要因素。

马克思将技术进步和人从自然界的解放结合起来理解经济增长，这种全新的视角对增长路径的选择有巨大的理论意义。在目前经济社会条件下，技术进步在经济增长中所作出的贡献越来越大，技术进步提高生产率的原因，正如马克思分析商品价值规律时指出的，是它可以使人们在生产时用同样的生产要素投入获得

---

① 劳动工资研究所．劳动价值与分配新论［M］．北京：中国劳动社会保障出版社，2002．19—23．

更多的产品。萨缪尔森就承认："美国产量增长的大约1/3可以归之于劳动和资本的增长。其余的2/3是可以归之于教育、创新、规模效益、科学进步以及其他要素所导致的余留额。"①

教育工作是生产生产力的劳动，是复杂劳动，是高增值的劳动，具有相对独立的劳动形态。马克思经典作家揭示出：一是教育工作不是一般的脑力劳动，而是掌握了现代科学技术的劳动者所进行的高级脑力劳动，是一种高强度的、复杂的脑力劳动；二是教育工作是一种创新性劳动，这种劳动与重复性劳动相对而言。创新性劳动是指运用智力发明、创造新的产品、新的劳动手段和新的制度方法等，以大幅度提高生产力的活动。创新性劳动的核心是智力的高度创造性运用；三是教育工作必须经过长期艰苦的投入和积累，并且需要不断更新知识；四是教育工作的劳动时间没有规律，难以监督和计量，考核的难度也比较大。② 从教育工作的上述新变化、新特点出发，邓小平曾明确指出："我们的国家国力的强弱，经济发展后劲的大小，越来越取决于劳动者素质的提高，取决于劳动者的素质和质量，在现代经济的发展过程中，人力资源越来越成为生产力发展中最具有决定性作用的资源"。③

通过深化劳动和劳动价值理论研究和认识，"人力资本"的概念在社会经济生活中被广泛运用。笔者认为，社会主义市场经济体制下的高等教育资源配置领域里的许多问题也因此得到了及时回答，具体如下：

---

① 萨缪尔森．经济学［M］．北京：人民出版社，1992．1338．

② 劳动工资研究所．劳动价值与分配新论［M］．北京：中国劳动社会保障出版社，2002．30—31．

③ 邓小平文选（第2卷）［M］．北京：人民出版社，1993．322．

一是教育投资属人力资本扩大再生产性投资，这种投资的经济效益远大于物质投资的经济效益。人力资本是体现在劳动者身上的一种资本类型，它以劳动者的知识程度、技术水平、工作能力以及健康状况来表示，是这些方面价值的总和。[①] 这就可以解释为什么很多家长不遗余力地送子女进各种学习班了。

二是教育是提高人力资本的最基本的生产性投入产出系统，教育产品应根据市场需要进行生产并交换，不同的教育投入产出系统也应根据市场需求进行“建造和维护”。这就可以解释目前民众高等教育多样化需求与供给不足之间的矛盾，而且便于我们进行高等教育成本核算。

三是人力资本产权理论的界定有利于知识产权问题的解决。如果说劳动者本身是有形资源，那么体现在劳动者身上的智力、知识、经验、技能和健康状况等就是无形资源，劳动者在社会化大生产中对无形资源的所有、使用、收益及处置的权力与其所有者不能分离。[②]

四是发挥人力资本的作用需要人们的创造性劳动。这说明要对人力资本所有者建立按劳分配与按生产要素分配相结合的分配激励制度。

（三）所有制理论

所有制问题是马克思主义经济学的一个基本理论问题。在继承我国经济体制改革成果的基础上，继续马克思主义所有制理论

---

① 青连斌．深化对劳动和劳动价值理论的认识及其基本结论［J］．湖南社会科学，2004（3）：14—16．

② 吴易风．马克思的产权理论——纪念《资本论》第一卷出版140周年［J］．福建论坛，2008（1）．1—5．

的中国化研究，不断创新我国高等教育资源的所有制结构。这对于正确处理公有制与非公有制、社会和个人、公平和效率的关系，推进我国高等教育事业的持续协调发展具有重要意义。

所有制是关于生产资料归属的经济制度，产权是关于财产归属的法律制度。关于所有制和产权的关系，马克思认为私有制出现以后才出现产权，产权是所有制的法律形态，是“一定所有制关系所特有的法的观念”。马克思在此基础上深刻揭示了性质不同的产权的第一规律和第二规律，第一规律是商品生产的产权规律，即劳动者对劳动的产品拥有产权的规律；第二规律是资本主义生产的产权规律，即工人劳动和产品表现为他人的财产。马克思指出：“剩余劳动变为资本的剩余价值，这一点意味着：工人并不占有他自己劳动的产品，这个产品对他来说表现为他人的财产，反过来说，他人的劳动表现为资本的财产。资产阶级所有权的这第二规律是第一规律，即对自己劳动的产品拥有所有权的同一性；第二条是劳动表现为被否定的所有权，或者说所有权表现为对他人劳动的异已性的否定”。在产权领域中发现劳动者产权规律和资产阶级产权规律，就像在经济领域中发现剩余价值规律一样，是马克思不可磨灭的历史功绩。[①]

改革开放30年来，我国经济体制改革取得了重大进展，社会主义市场经济体制已初步建立，但这一体制还不完善，作为市场交易基础的产权关系还有许多方面需要理顺。按照马克思的所有制理论和产权理论，从社会主义制度的基本要求出发，从我国当前社会的物质生产力水平出发，社会主义市场经济的生产资料所

---

① Karl Marx and Frederick Engels, *Collected Works* [J]. vol. Moscow: Progress Publishers, 1986 (28): 397—398.

有制必须坚持以公有制为主体，多种所有制共存；在相应的产权方面，必须坚持以公有产权为主体，多种产权制度并存。目前，我们国家成功地进行了国有企业所有权和经营权相分离的改革，这一方案是社会主义国有企业不会变成资本主义企业的根本保证，是社会主义市场经济不变成资本主义市场经济的根本保证，也是我国高等教育领域进行资源配置改革的重要借鉴。[①]

笔者认为，目前的高等教育资源配置改革难以深入进行的主要原因是，在强调高等教育资源配置中多种所有制并存的同时，没有界定清政府、市场、高校、企业和个人在资源配置主体结构中的责任边界，造成了产权模糊，导致了“公地悲剧”。

关于高等教育的资源配置主体的认定。从已有的文献研究看，对资源配置主体的研究主要是从高等教育运行机制的构成框架出发，多数研究认为在市场机制下，高等教育系统的主体不再仅仅是中央政府，地方政府、市场、高等学校、学生和企业也都具有了主体的意义（周远清，2003）；也有人从市场要素和市场功能的角度来分析高等教育的资源配置主体，市场可以大部分替代政府功能，学校、企业、个人可以自主决定原来由政府代办的事情，市场起着高等教育资源配置的基础性作用（厉以宁，1992），这里大都强调的是“多中心”主体的概念，即社会主义市场经济条件下的多元主体格局，强调在高等教育资源配置时，不仅要考虑政府的作用，还要充分考虑市场、学校、个人和企业的作用。然而长期以来，我国高等教育资源产权制度安排深受国有企业产权制度安排的影响，相应的政府代表国家，根据经济建

① Karl Marx and Frederick Engels, *Collected Works* [J]. Moscow: Progress Publishers, 1986 (28): 397—398.

设和社会发展的需要，制定高等教育发展规划，创办高等学校，成为高等教育资源的唯一的供给者和分配者。

高等教育具有准公共产品的性质，在资源市场配置过程中，政府部门、高校、社会力量都可看成是权力结构中的集体行动者。由于没有界定清政府、市场、高校、企业和个人在资源配置主体结构中的责任边界，最终造成了高等教育资源所有权的模糊及产权的不清晰，由此，高等教育资源配置的问题产生了：按照“经济人”假设，资源配置中所涉及的各个主体都有着不同的行为和利益目标，都会为了各自不同的利益来趋利避害。无论是政治权力主体，行政权力主体、社会权力主体，还是学术权力主体，在权力运用中都具有最大化自身利益的倾向。而这种组织、部门自身利益最大化的追求，极有可能导致教育领域内的“公地悲剧”，造成了“劳动者对劳动的产品拥有产权”的丧失，造成人力资本在市场交易过程中的不确定性，从而影响高等教育人才市场的发展和完善，影响高等教育事业的进一步发展。

二、西方经济学说中的相关基础理论

在西方经济学说中，与中国高等教育资源配置改革的相关基础理论，主要有：一是新制度经济学理论；二是人力资本理论；三是规模经济理论。下面分辨阐述如下：

（一）新制度经济学理论

新制度经济学的思想渊源可以追溯到18世纪，英法的古典经济学家休谟、斯图亚特以及亚当·斯密等人都在不同程度上意识到了制度的重要性，但只是对制度的重要作用作了初步的阐述。直到新制度经济学的出现，才将制度与古典经济学加以融合，其代表人物是经济学诺贝尔奖得主诺斯（Douglass C. North），他长期致力于经济发展史与制度关系的研究，因建立了一套与新古典经济学接轨的社会制度变迁理论而获得了经济学诺贝尔奖。他认为“制度是一个社会的游戏规则，或更规范地说，它们是为决定人们的相互关系而人为设定的一些制约”，包括“正规约束”（例如规章和法律）和“非正规约束”（例如习惯、行为准则、伦理规范，以及这些约束的“实施特性”）。在诺斯看来，制度的主要功能就在于通过内部和外部两种强制力来约束人的行为，防止交易中的机会主义行为，以减少交易后果的不确定性，帮助交易主体形成稳定的预期，从而减少交易费用。总之，诺斯是以个人之间的市场交易行为作为背景，从法律和道德规范这个层面来理解制度的。[①]

关于制度变迁的原因，新制度经济学的观点与马克思的观点有很大差异。新制度经济学采取的是一种个体主义成本——收益分析方法，它认为新制度的出现完全取决于制度供给与制度需求的相互作用所达到的一种均衡状态。他们认为，制度需求的产生源于市场规模的变化、新技术的出现以及产品与要素价格的相对变化所产生的社会集团或者个人收益预期的变化。当预期收益超出预期成本时，就会产生对于新制度的需求。制度供给是指在既定的政治制度以及利益分布下，参与制度创新的行为人提供新制度安排的能力和意愿。它主要受现存宪法秩序，制度遗产，由外部性、风险等引发的制度安排成本以及现有知识积累等几个方面影响。当这几个方面的因素共同作用的时候，往往会产生制度供

① D. C. North. *Economic performance through Time* [J]. American Economic Review, April 1994.

给。制度供给与制度需求的相互作用会产生新的制度安排。[①]

关于制度变迁的形式，有需求诱致型制度变迁和强制型制度变迁两种。前者可以满足一致性原则以及利益最大化原则，而后者则可以尽可能地节约交易成本，后者是一种供给主导型制度变迁，比如由国家政策制订的制度模式等等。在现实社会中，既没有纯粹的需求诱致型制度变迁，也没有纯粹的强制型制度变迁，两者相互补充，甚至在一定情况下相互转化。

关于制度变迁与经济增长之间的关系。新制度经济学认为，制度是至关重要的，在它的体系中，好的制度就会产生好的效率，好的效率可以带来良好的收益。它用制度本身去说明经济增长，认为经济增长与经济发展方式的好坏取决于制度安排的好坏。

从国内20世纪90年代初兴起的制度研究的过程看，全球化带来的资源配置的动向使制度比较分析成为经济理论界的一个热点。发展中国家为了寻求经济追赶战略，在已确立改革方向的趋势下，把以市场经济为基本经济制度的缺失和供给的不足、制度变迁中的路径依赖和制度创新与激励等问题作为了自己的研究对象。而这种制度分析方法在教育经济学领域才刚刚触及，这也是本文引用新制度经济学理论作为理论依据，丰富理论基础，解释高等教育资源配置问题的主要原因。

（二）人力资本理论

人力资本理论兴起于20世纪60年代初，至今在世界教育经

① 吴易风. 马克思主义经济学与西方经济学比较研究［M］. 北京：人民出版社，2009. 361.

济学理论中仍占主导地位，并影响着各国教育发展，特别是教育投资政策的制订。美国经济学家舒尔茨提出了与古典劳动概念相反的人力资源观点。他认为："人们获得的有用的技能和知识是一种资本形态，这种资本在很大程度上是慎重投资的结果，这种结果同其他人力投资结合一起，是造成技术先进国家生产优势的重要原因。"[①] 从现代的角度看，人力资本理论是在内生增长理论基础上发展起来的。可以通过以下的数据表达得知。

内生增长理论的主要思路是：肯定技术进步在经济增长中的决定作用，并对技术进步的实现机制进行理论分析。内生增长理论的一个基本模型是：

$$Y(t) = ak(t)$$

在公式中，a是一个大于零的常数，用以表现技术系数。假定人口不变，典型个人的目标是使无限时间期间的效用流量折现值最大化，则增长率g的决定方程式是：

$$g = (a - r) / \acute{o}$$

在公式中，r代表时间偏好率，ó代表不变边际效用弹性。从中可以看出，只要 $a > r$，人均增长率就是正的。因此技术系数a决定了增长率。

在上面的内生增长理论模型中，这种知识假定内含于人力中；在技术进步模型中，这种知识假定内含于机器或产品中。因此，内生增长理论可以看成是对知识积累过程的模型化。该理论进一步认为，在企业中知识的积累包括人力资本和技术变化，表现为增加人力资本、生产新产品和提高产品产量。一方面，劳动

① 舒尔茨. 人力资本投资：教育和研究的作用［M］. 北京：商务印书馆，1990. 25.

投入过程中包含着因正规教育、培训、在职学习等等而形成的人力资本；另一方面，在物质资本积累过程中包含着因研究与开发、发明、创新等活动而形成的技术进步，从而把人力和技术进步等要素内生化。由于技术等要素内生化，要素收益也相应存在递增的趋势，从而决定了经济长期增长率为正。

对于经济增长的源泉，还可以通过增长核算的方法来认识。用公式表达为：

$$\frac{\Delta Y}{Y}=\alpha\times\frac{\Delta N}{N}+\beta\frac{\Delta K}{K}+\frac{\Delta A}{A}$$

即：产出增长＝（劳动份额×劳动增长）＋（资本份额×资本增长）＋技术进步

在1958年出版的《1929－1982年美国经济增长趋势》一书中，爱德华·丹尼森[①]根据美国国民收入的历史统计数字，对各个增长因素进行了考察和分析，其结果如表1—1所示。

表1-1 国民收入增长的源泉（1929—1982）

增长因素	增长率（%）
总要素投入	1.90
劳动	1.34
资本	0.56
单位投入的产量	1.02
知识	0.66

① 爱德华·丹尼森（Edward Fukton Denison，1915－ ），美国经济学家，他对传统经济学分析方法估算劳动和资本对国民收入起作用时所产生的大量未被认识的、不能由劳动和资本的投入来解释的“余数”作出了最令人信服的定量分析和解释。

续 表

资源配置	0.23
规模经济	0.26
其他	−0.03
国民收入	2.92

资料来源：Edward Denuson，Trends in Amerrican Economic Growth，1929—1982，Washington，D. C. The Brookings instituteion，1985，转引自高鸿业《西方经济学》，692 页，北京，中国人民大学出版社，1997。

由表 1 - 1 可以看出，知识进步是发达资本主义国家最重要的增长因素。丹尼森认为，技术进步对经济增长的贡献是明显的，知识进展是发达资本主义国家最重要的增长因素。

通过以上多位经济学家对人力资本理论的论述，我们明确了人力资本是经济增长的基本动力和关键因素，明确了高等教育是具有生产性投资的投入产出系统（如下图）。笔者认为对人力资本理论的运用是研究我国转型期高等教育资源优化配置微观问题的前提基础。并得到如下启示：

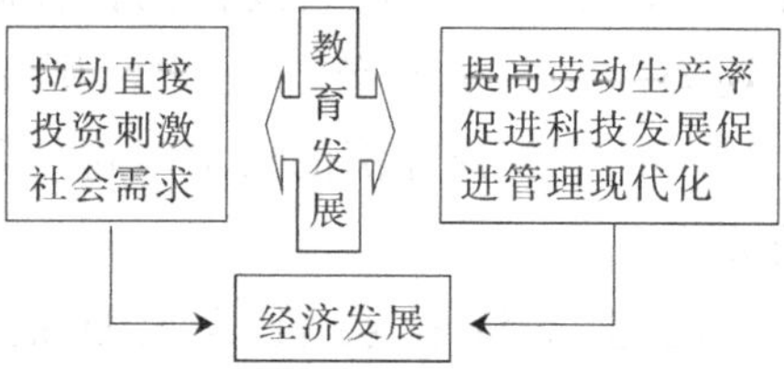

一是人力资本理论强调了国家在高等教育资源配置中的作用。高等教育具有发现人才、从事教学和进行研究三种功能，都是属于长期效益大于短期效益的行为。如果依靠高等教育市场进行配置资源将造成高等教育投入不足的状况。因此，应进一步明确国家在高等教育投资中的主导地位，基于我国现时期高等教育财政政策的执行现状，在进一步拓宽高等教育投资渠道的同时，应不断加强高等教育国家投资的制度化建设。

二是人力资本理论要求优化高等教育资源的内部配置。高等教育资源配置系统是国家资源配置体系的重要组成部分，并与其他系统相互交织相互作用。从我国社会主义初级阶段的现有国情出发，基于内生增长理论中人力资本重要作用的认识，只有进行高等教育资源的优化配置，才能增加高等教育产出，从而促进经济的发展。

（三）规模经济理论

规模经济（Economic of scale）理论是西方经济学的基本理论之一，也是现代企业理论研究的重要范畴，由英国最著名的经济学家阿尔弗雷德·马歇尔（1842—1924）在1890年发表的《经济学原理》（*Principles kf Economies*）中首次提出。规模经济又称规模利益（Scale Merit），是指通过合理安排一定经济实体内各生产要素的比例和数量，从而控制经济实体的整体规模而取得的节约或经济利益，是伴随着生产经营规模的扩大而出现的单位产品成本下降，效益上升的现象。反之，则为规模不经济（Diseconomies of scale）。规模经济的根本问题是研究规模大小与生产节约之间的关系。

高等教育是促进经济社会科学发展的“知识产业”（Knowledge Based Industry）。高等院校是一种位于企业与政府之间的非营利性组织，它向社会提供准公共产品——高等教育及其相关的衍生产品。所以，高等教育也存在如何使有限的资源投入产生最大的效益的问题，即高等教育规模经济问题。高等教育规模经济可以这样理解，假如资源投入是以单位学生成本计算，产出则以学生（在学或毕业）人数计算（如果学校淘汰及损耗比例特别大，在学人数与毕业人数相差甚多，则只能以毕业人数作为产出单位），学生人数增加的比例大于单位学生成本增加的比例，培养学生的单位平均成本因学生人数上升而下降的情况，便是教育规模经济。其形成的机理是在保证教育质量的前提下，使高校资源获得充分和适当的使用。引发高等教育规模经济的因素主要包括教学效率、技术进步、课程安排、学校声誉、生均成本。

目前，关于高等教育发展规模的基本理论，学术界看法不一，其中最有代表性是美国教育家马丁·特罗的高等教育规模的三个发展水平理论。另外还有苏联的“国家理念”、英国“罗宾斯原则”和美国的“轴心原则”等。

自上世纪80年代以来，在中国高等教育研究领域经常会谈到美国高等教育家马丁·特罗的“精英——大众——普及”（Elite－Mass－Universal）高等教育发展三段论。具体来说，高等教育毛入学率[①]超过15%时，高等教育发展便进入了大众化阶段；低于15%则处于精英教育阶段；超过50%，则可称为普及化阶段。详见表1-2。

表1-2 不同发展阶段高等教育制度与机构类型的比较

项目比较	精英阶段	大众化阶段	普及化阶段
毛入学率	15%以下	15%—50%	50%以上
教育观	是少数人的特权	一定资格者的权利	人的社会义务

① 高等教育入学率分为“毛入学率”和“净入学率”两种：“毛入学率”是指公式中计算分子高等教育在学人数时，不考虑学生的年龄大小；“净入学率”是指公式中计算分子高等教育在学人数时，要考虑学生的年龄大小。

续 表

功能	培养精英	培养公民技术能力，	造就现代社会公民
教育内容与课程	专业化和结构化	模块化和工程化	生活化和工作化
教学形式	学年制	学分制	多样化
学校类型	单一	类型多样化	学校社会界限取消
领导与决策	少数几个群体	决策程序民主	公众进入决策领域
学术标准	共同的高标准	多样化	更加多样化
入学标准	英才成就	准选拔性	非选拔性
学校管理形式	选举、任命、任期制	专业化管理	高度专业化管理
学校内部管理	元老教育垄断管理	教师与学生享民主	广泛的社会民主

资料来源：刘志民，《教育经济学》北京大学出版社 2007 年版，245－246，207 页。

高等教育发展三段论对高等教育规模有明确的定量指标和划分标准，回答了高等教育由于量的增加所引发的矛盾，但其中过分强调了规模扩张带动系统质变的片面性。其理论缺陷是主要以美国和欧洲的发达工业化社会为背景材料，对于发展中国家的高等教育发展史料基本没有涉及，致使“三段论”仍有许多不科学、不完善的地方。

在进行教育是否是适度规模研究时，一般采用二次函数法、L 形图和 U 形图、适者生存法。在进行高等教育适度规模分析时，一般从基本办学指标、学校发展定位和教育市场需求等约束条件进行研究。基本办学指标是指保证教育质量、维持正常的教学和生活秩序的基本条件，它约束了学校的最低投入成本。其中的“生师比”能够反映出最重要资源的配置情况；学校发展定位是指学校根据国民经济或区域经济的要求，根据社会和科学技术发展的需要以及学校的实际条件确定本学校发展的、与众不同的竞争优势及与此相联系的社会公众心目中的独特地位，以此使社会公众理解和正确识别某学校有别于其他学校的特征；教育市场需求是指在一定时期内，具有学费支付能力的社会大众对于接受教育服务的渴求与欲望，高校毕业生就业率已成为高等教育市场需求的一项重要指标，在此应提到的是，从经济学观点来看，用就业率作为大学生发展规模的一项参考指标时，要注意“蛛网定律”① 影响而导致适度规模的失真，因为教育生产过程有明显的“滞后效应”。

（四）成本分担理论

“成本”原是经济学中的概念，是指从事一项投资计划所消耗的全部实有资源的总和。随着社会经济体制和教育观念的改变，在研究教育投资的经济效益时开始考虑教育成本。英国经济学家约翰·维泽最早引入“教育成本”（Costs of Education）概念。为了便于对教育成本进行管理，按照支出主体、目的、性质和计量单位不同，可以将教育成本分为直接成本和间接成本；社会成本、个人成本和部门成本；总成本、固定成本和可变成本；平均成本和边际成本；货币成本和非货币成本；教育潜在风险成本等。

教育成本是衡量教育机构培养劳动力和专门人才、资源消耗的尺度，可以作为测定未来劳动力和专门人才进入劳动市场时劳

① “蛛网定律”是1930年代出现的一种进行动态均衡分析的微观经济学理论，主要内容是把时间因素引入均衡分析中，运用弹性理论来考察价格波动对下一周期产量的影响，以及由此产生的均衡的变动。

动力价格的依据，也是进行教育宏观调控，即规划、管理、监督和决策的依据，对核算培养高级人才所需要的活劳动和物化劳动的数量指标具有重要意义。注重教育成本的管理，可以为扩大教育规模奠定基础，对教育进行宏观调控，使教育规划具有可行性，教育管理逐步科学化，保证教育监督的有效性和教育决策的正确性。

为了满足由不断扩张的高等教育规模和逐渐提高的生均支出水平共同导致的日益膨胀的经费需求，世界上大多数的国家纷纷采取了向受教育者收取培养成本弥补公共高等教育资金不足的措施，即“教育成本分担”。对高等教育成本分担的合理性解释的主要依据是“利益获得”原则，持该观点的研究者认为受教育者由于接受高等教育而获得了高于他人的个人收益，因此其本人或家庭理应分担部分教育成本。

社会主义市场经济体制要求高等教育事业发展必须进行教育成本和效益的计量与分析。我国的经济改革是以“放权让利”为基本思路或基本取向的，财政收入增长的速度与国民经济发展的步调并不一致，这就限制了教育财政政策的能力。政府财政预算内教育经费占财政收入的比重自 80 年代初的不到 10%提高到了 90 年代中期的 15%以上，但由于政府财政能力的下降，我国公共教育经费占国民经济的比重在同一时期不但没有提升到 4%的水平，反而呈现下降趋势，并在 1995 年和 1996 年处于 2.5%的历史低位。[①] 面对国家教育财政投入不足，高等教育经费来源多元化选择成为应对高教经费短缺状况的正确选择，而且也具备了政

① 王蓉等. 努力建设中国公共教育财政体制［M］. 北京：高等教育出版社，2003. 389—420.

策选择的客观条件。改革开放以后，一方面我国居民收入水平持续提高，家庭储蓄额度不断增加，为家庭的扩大教育支出提供了可能；另一方面计划生育降低了抚养子女生活费的家庭支出，在注重教育的传统思想和现实竞争影响下，提高子女培养质量和层次的成为现实的要求。

三、我国经济社会发展中的新理念对高等教育资源配置的启示

教育发展战略要随着党和国家的中心任务的转移而转移，伴随以经济建设为中心工作观念的深入，高等教育逐渐以培养人才和改善国民素质来体现其社会价值的。

（一）关于高等教育社会属性的再认识

对高等教育社会属性的认识变化过程可以通过党的历次代表大会反映出来，大致分为三个阶段：一是从党的七大至十一大，毛泽东在《论联合政府》中明确指出："中国国民文化和国民教育的宗旨，应当是新民主主义的；就是说，中国应当建立自己的民族的、科学的、人民大众的新文化和新教育。"这一论述确立了新中国教育的新民主主义政治属性，奠定了"教育为无产阶级政治服务"的理论基础；二是从党的十二大至十六大，党的十二大报告把教育工作放在社会主义精神文明建设之下的"文化建设"范畴进行部署，指出："文化建设指的是教育、科学、文学艺术、新闻出版、广播电视、卫生体育、图书馆、博物馆等各项文化事业的发展和人民群众知识水平的提高，它既是建设物质文明的重要条件，也是提高人民群众思想觉悟和道德水平的重要条件"；三是从党的十七大至今，党的十七大报告明确指出："社会

建设与人民幸福安康息息相关。必须在经济发展的基础上，更加注重社会建设，着力保障和改善民生，推进社会体制改革，扩大公共服务，完善社会管理，促进社会公平正义，努力使全体人民学有所教、劳有所得、病有所医、老有所养、住有所居，推动建设和谐社会。”社会建设具体包括教育、就业、收入分配、社会保障、医疗卫生和社会管理等六个方面。教育回归社会建设事业，解决了新的历史条件下教育的属性问题，明确了高等教育未来发展的方向。

（二）关于高等教育社会地位的再认识

教育是促进经济增长、矫正各种不公平现象的基础条件，调控教育公平是实现社会公平的重要途径。近年来，我国经济发展加快，但教育医疗等社会公共事业并没有随着经济增长而同步发展，不同社会群体之间，尤其是城乡居民之间，在文化教育、医疗卫生、基础设施、社会保障等方面存在着严重的不均等现象。要改变这种状况，必须切实把教育摆在重要地位。十七大报告吸收了孙中山先生民生主义富国强民的合理思想内核，又根据新的历史条件进行了发展，突出强调了社会公平、正义、共享的发展理念，确立了全面改善民生、国民共享发展成果的国家发展目标。因此，高等教育发展战略研究的重点放在了调整国家教育公共政策价值取向上。在研究和制订教育公共政策时，要优先考虑到城乡差距、地区差距、民族差距、性别差距、阶层差距等重要因素，使不同家庭背景、不同地区、不同民族、不同性别的学生在“教育权利平等”和“教育机会均等”两个基本方面享有公平的教育。

第二章

中国高等教育资源配置改革的历程、反思和主要成绩

第一节　中国高等教育资源配置改革的历程

这里的“历程分析”，主要包括“动因”和“历程”两个方面。

一、中国高等教育资源配置改革的动因

中国高等教育资源配置改革的动因，可以划分为高等教育内部动因和高等教育外部动因两个方面。

（一）高等教育内部动因

在计划经济体制下形成的高等学校办学类型结构，是由国家集中计划、中央业务部门和省级地方政府分别办学并管理的高等教育体制造成的，与实行社会主义市场经济体制存在着严重的冲突。

在办学体制上，单一的国有公办高等学校类型，造成国家对高等学校包得过多，管得过死。一方面国家不堪重负，高等学校建设和发展经费严重不足，扩大规模和提高办学效益质量，成为空中楼阁，已无力满足高等教育大众化的客观需求；另一方面，在市场经济条件下，高等学校自身缺乏自我调整、自我发展的机制和活力，无法自主办学，单一的国有公办高等学校类型已经不能满足社会多种所有制企业对高级专门人才的需求，因此高等学校办学类型必须多样化。

在管理模式上，“条块分割”管理体制形成的高等学校类型，过分重视行业发展的需求，忽视学科专业建设的科学性，造成专业越分越细、越分越窄，培养的学生根本无法适应现代科技发展的需要。在市场经济条件下，高等学校要求改变与政府的直接隶属关系，与政府行业管理部门脱钩，变成独立自主法人实体。政府对高等学校应改直接管理为宏观管理。

在层次机构上，由于历史和现实的原因，一些高校被人为地列入重点或高层次的学校，并享受区别于普通高校的特殊待遇。长此以往，各高校将把办学的重点放在学校层次的升格上，而不是面向社会的特色办学上，将加重目前专科性院校（包括高等职业学院和社区学院）建设的困难。在市场经济条件下，高等学校的重点或高层次位置是靠学校的综合实力和发展后劲竞争得来的，并且是动态变化的，不应靠政府指定。

在投资体制上，在“左”的思想影响下，人们普遍认为社会主义优越性就是上大学不要缴学费。全国大、中、小学的办学经费全部来自政府拨款，导致全国各类学校的办学经费严重不足，挤占了义务教育经费。中国高等教育完全处于“供给型”、“包办型”状况，没有调动社会力量办学，没有利用社会资金、民间资金办学，没有让非义务教育（高中、大学）的受教育者承担部分教育成本。教育经费不足严重影响了我国教育事业的发展。这些弊端如果不克服，高等教育就不可能适应新时期改革开放和市场经济发展的需要，高等教育事业就不可能有一个大的发展，大的提高。

凡此种种，计划经济体制下形成的高等教育资源配置模式，与发展社会主义市场经济的要求有太多的不适应。这是中国高等教育改革的内部动因。

（二）高等教育外部动因

中国经济体制改革是推动高等教育（资源配置）改革的外部动因。

1970 年代末以来，在邓小平理论指导下，安徽凤阳的小岗村农民率先搞起了“包产到户”，启动了中国农村的改革。随之而来，全国农村逐步实行“联产承包责任制”，农民生产积极性空前提高，不仅农产品供给大大增加，而且解放了大批农村劳动力，为中国改革奠定了物质基础和人力资源供给的基础。农村改革推动了乡镇企业的大发展，推动了城市改革、经济改革、文化改革。

农村改革推动了全国经济的大发展。经济的大发展，迫切需要大批各类人才和科研成果，迫切需要大力发展高等教育。由此可见，只有大力发展高等教育，才能满足社会经济发展和人民群众的需求。但是如果不克服在计划经济下形成的高等教育弊端，高等教育的发展是不可能的。

因此，必须按照现代化建设的需要和市场经济的要求，开展高等教育资源配置方式的改革。

二、中国高等教育资源配置改革的历程

由于高等教育资源配置改革涉及内容十分广泛，很难一一列举。为此，在论及高等教育资源配置一般性改革（不严格划分时间段，并涉及多方面）基础上，进一步阐述高等教育（资源配置）管理体制改革。

（一）高等教育资源配置一般性改革的历程

中国高等教育资源配置改革，以1985年《中共中央关于教育体制改革的决定》（以下简称《决定》）为起始，至今经历了三个阶段。

第一阶段是体制结构大调整阶段。《决定》提出以体制改革为突破口，拉开了高等教育改革的序幕。《决定》要求高等教育与社会需求更好地结合，加强高等学校同生产、科研和社会其他方面的联系。为了调动各级政府的办学积极性，要实行中央、省、中心城市办学的体制。《决定》还强调了要改革高等学校招生计划和毕业生分配制度，扩大学校的办学自主权。

1992年邓小平南巡讲话之后，明确提出中国要加快改革开放的步伐，要建立社会主义市场经济，并将之载入党的十四大报告中。从此，中国的改革开放又进入了一个新的阶段。高等教育要不要适应市场经济，当时在社会上和教育界引起不小的争论。为建立与社会主义市场经济体制相适应的高等教育新体制，1993年中央颁发了《中国教育改革和发展纲要》（以下简称《纲要》）。为使《纲要》规定的政策措施更具有可操作性，国务院又转发了《关于〈中国教育改革和发展纲要〉的实施意见》（以下简称《实施意见》），进一步明确了高等教育要走内涵式发展为主的道路，

提出要加大教育体制改革的力度，力争在办学体制、管理体制以及招生和毕业生就业制度改革方面取得明显成效。

《纲要》及其《实施意见》明确提出："高教体制改革"主要是解决政府与高等学校、中央与地方、国家教委与中央各业务部门之间的关系，逐步建立政府宏观管理，学校面向社会自主办学的体制，标志着我国对高教体制改革在认识上有了重大突破。"扩大高等学校办学自主权"和"学校面向社会自主办学"已经被放到高等教育体制改革的核心位置。

这次改革体现出从国家集中计划和政府直接管理的国家办学体制向政府宏观管理，学校面向社会自主办学的体制的转变。围绕着"政府宏观管理，学校面向社会自主办学"这个核心，高等教育进行了一系列其他方面的体制改革与之配套。其中包括领导管理体制、投资体制、招生就业体制和学校内部管理体制等方面的改革。

1996 年，国家教委发布《我国教育事业"九五"计划和 2010 发展规划》，提出"九五"期间以"共建"和"联合办学"为主要形式，扩大学校和服务方向，淡化和改变学校单一的隶属关系。

1998 年 1 月，为贯彻党的十五大提出的"加快高等教育管理体制改革步伐"的精神，又召开了具有战略意义的扬州会议。会上进一步提出："高等教育管理体制改革的目标是：争取到 2000 年或稍长一点时间，基本形成中央和省级人民政府统筹为主，条块有机结合的新体制。"形成了"共建、调整、合作、合并"的八字方针。

1998 年 8 月，《高等教育法》正式出台，以法律的形式理顺了高等学校与中央、地方和有关部委之间的关系。1999 年初，《面向 21 世纪教育振兴行动计划》的推出和第三次全国教育工作会议的召开，为“科教兴国”目标的实现和高教体制的进一步深化改革创造了更为有利的条件。

由此可见，我国的高等教育体制改革，是在中央直接领导下进行的，是伴随着经济体制转轨和社会转型而运筹和实施的，其目标是要冲破旧体制的束缚，建立一个与市场经济和现代社会相适应的高等教育新体制。这一阶段的体制结构改革，主要是改革在计划经济下形成的中国高等教育体制，包括办学体制、投资体制、运行机制、结构等。

一是在办学体制上，从单一的国有化办学体制，转变为“一主多元”的办学体制，即以国家办学为主，多种办学体制共同发展。

二是在领导体制上，改变“部门所有，条块分割”的状况，通过“共建、合并、合作、划转”等方式对高等学校管理体制进行调整。

三是高等教育运行机制的转变，从依靠国家、依靠政府、依靠计划，到依靠社会、依靠市场、依靠自己办学；从计划在人力资源配置中起主导作用，转变为市场在人力资源配置中起主导作用。

四是在结构上，改变重文科轻理科的高校科类结构，改变高校过于集中在沿海大城市的布局结构，改变重本科、专科，轻研究生教育的层次结构，使之更适应社会经济发展的需要。

第二阶段是高等教育大发展阶段。20 世纪 80 年代，邓小平提出，为适应改革开放和赶超世界先进水平的需要，中国的教育要有一个大发展、大提高。大发展指数量，大提高指质量。由于体制问题，长期来我国高校规模很小，办学效益不高。20 世纪 80 年代，高校师生比为 1∶4 左右，90 年代初为 1∶9 左右。我国经济体制改革推动了教育体制改革，为高等教育的发展奠定了基础。1981—1985 年，中国高等教育针对学科结构单一、学校规模偏小的状况，有一个发展高潮，新增高校 312 所，在校生增加 122%。1985—1998 年放缓了发展速度。由于中国的改革开放，经济的发展，人民生活水平有了明显提高，高等教育已不能满足社会经济和人民群众的需求。1999 年第三次全国教育工作会议上，江泽民代表党中央提出要大力发展高等教育，尽可能满足人民群众上大学的需求，推动了高等教育的扩招。1998 年全国高校招生人数为 108.4 万人，1999 年猛增到 159.7 万人，增长率为 47.3%。2000 年招生数为 220.6 万人，增长 38.2%，到 2007 年，全国高校招生达到 567 万人。9 年来的高等教育大发展，是在中国改革开放和市场经济的推动下，在中国经济大发展的推动下，在人民群众迫切需求的推动下，在高教体制改革的推动下进行的。虽然在质量和结构上存在一些问题，但总的来说是符合社会和广大人民群众需要的。

第三阶段是深化教学改革，提高教学质量的阶段。经过连续 9 年的扩招，我国各类高等学校达到 2000 余所，在校生达到 2000 余万人，入学率为 22%（2006 年），进入大众教育阶段。今后仍然要适度发展，预计到 2020 年我国高校入学率为 40%左右，在校生为 3000 余万人。但发展的重点是高等职业教育、民办教育。大多数公办普通高校的规模已经饱和，不宜再扩招，应以提高质量为主。

为了提高教学质量，教育部采取了一系列措施：在全国高校建设 1500 门精品课程，建设一批国家级示范教学基地和基础课教学示范中心，并通过互联网促进资源共享；进一步改革学科专业结构，规范专业设置管理；推进双语教学和聘请国外优秀专业课教师；鼓励教授上讲台，讲授基础课，开展国家级教学名师奖评选表彰活动；面向世界范围遴选拔尖人才等。为了提高教学质量，从1994年开始，教育部采取“合格评估、优秀评估、随机性评估、教学水平评估”四种形式，对有关本科高校进行了教学工作评估，取得了良好效果。2002年，教育部发布了《普通高等学校本科教学工作水平评估方案（试行）》。2003年，教育部又制订了高职高专院校人才培养工作水平评估方案。2005年初颁布了《关于进一步加强高等学校教学工作的若干意见》，提出建立5年一轮的普通高等学校教学工作评估制度，5年一轮的高职院校评估制度；建立普通高等学校教学状态数据采集和发布制度，逐步建立和开放数据库网上检索系统，增加高等学校办学的透明度；建立评估中介机构，不断提高评估专业化和科学化水平，从严治教，强化教学管理；建立和完善高等学校内部教学质量保障和评估制度；进一步完善评估方案，改革评估技术和方法。

2007年1月，经国务院批准，教育部、财政部联合下发了《关于实施高等学校本科教学质量与教学改革工程的意见》，正式启动“高等学校本科教学质量与教学改革工程”，通过六大举措、七大系统、九大目标实施高等教育质量工程，有力推动高等教育质量的提高。

（二）中国高等教育（资源配置）管理体制改革的历程

自1985年以来，我国逐步进行了三次相应的教育管理体制改革，即经历了三个阶段。这三个阶段的改革，都是围绕管理模式（权限）进行的，即从政府集中管理逐步走向中央和地方权责统分结合管理，改变了过于集权、统得过死的局面。

第一阶段改革：1985—1992年。

这次改革，以1985年发布的《中共中央关于教育体制改革的决定》开始，标志着中国开始进行教育管理体制改革的探索。其主要内容是扩大地方政府管理教育的权限和学校办学自主权，地方政府不仅仅是中央政策、制度、计划的具体执行者，而且被赋予对学校的领导、管理和检查的权力。

第二阶段改革：1993—1998年。

是以1993年2月的《中国教育改革和发展纲要》为标志，在办学体制、管理体制、招生就业体制等方面开始进行了改革，建立以政府办学为主体、社会各界共同办学的体制；政府宏观管理、学校面向社会自主办学的管理体制，扩大了高校的自主权。

就教育管理而言，国家给予了地方执行教育管理权力的参照系，颁布了基本学制和反映国家意识形态的课程标准以及学校人员标准；各地方政府扩大了区域内高等教育管理的权责范围，可以自行确定本地区的学制、年度招生规模、教学计划、选用教材和审定审编教材，以及教师职务限额和工资水平等。为落实高校办学自主权，国家和各地方政府允许各高校改变激励模式，打破平均主义，在合理定编的基础上，对本单位的教职工实行岗位责任制和聘任制，在分配上按照工作实绩拉开差距。

第三阶段改革：1999—现在。

是以1999年6月颁布的《中共中央国务院关于深化教育改革全面推进素质教育的决定》为标志开始的。以政府积极鼓励和支持社会力量以多种形式办学，形成以政府办学为主体、公办和民办学校共同发展的格局为主要内容，按照“共建、调整、合作、合并”的方式，基本完成高等教育管理体制和布局结构的调整，并针对地方政府集管理与监督职能于一身的状况，为提高教育质量，引入非政府评估机制，从而达到强化社会参与、优化政府服务的目的。

（三）中国高校类型结构

市场经济体制的建立，不仅开辟了多样化的经济所有制形式和分配形式，而且开拓了丰富多彩的市场。随着高等教育办学体制改革的深入，高等学校的办学类型也随之向适应市场经济体制的方向转换，并建立新的富有发展活力的学校类型结构。

在办学类型结构上，除了中央政府办学、地方政府办学类型外，社会各界参与办学的类型日益增多，民办公助及公办民营高等学校也是构成我国高等教育体系的一个重要组成部分；在管理类型结构上，普通高等学校主要是政府办学、以中央管理为主和以地方（省、自治区、直辖市）管理为主，成人高等学校则是地方办学、地方管理占主导地位，民办高等学校和公办民营高等学校在接受学校董事会或管理委员会管理的同时，应接受国家的宏观指导；在学校层次类型结构上，在现阶段，我国应逐步形成研究型大学、教学科研型暨本科生教学为主型大学、专科生培养为主型大学的层次类型结构，应减少单科性院校的设置，通过调整重组等途径积极发展综合性或多科性大学；在办学形式类型结构上，坚持普通高等学校与远程高等教育、函授学院、夜大学、职工大学、农民大学、教育学院、管理干部学院及高等教育自学考试等并举的原则；在学制类型上，坚持学年制与学分制共同发展的原则。以此适应人民群众日益增长的对高等教育的需求，推进我国高等教育大众化的发展。

在市场经济条件下，我国高等学校的类型结构要向多样化、多层次、多面向、灵活性、交叉性的方向发展，要摒弃过去计划体制下造成的学校类型单调、专业设置重复过多和行业性过重的弊端。

第二节　中国高等教育资源配置改革的反思

对于教育制度，人们一般认为是由人创造出来，用以规范人们的教育行为，人们据此才能对自己教育行为的成本和收益作出权衡，进而作出选择和决策[①]。在我国目前的教育制度变迁中，政府始终处于主导地位，变迁的路径主要表现为诱致性变迁不足，而强制性变迁有余。依据诺斯的制度变迁理论，教育制度因素作为现代高等教育发展的关键性内部源动力正日益得到认同。因此，要想保持高等教育的高效运行，必须要有有效的教育制度作为保障。由于受教育制度生成路径的影响，即计划经济体制下的运行“惯性”、社会主义市场经济条件下运行经验及新中国成立前高等教育积淀，决定了现有的高等教育资源配置框架设计必须考虑以下几个方面原因。

一、计划经济体制下的中国高等教育资源配置研究

我国的高等教育事业是在一个经济落后、文化教育很不发达，国家安全面临重大威胁的基础上发展起来的。1949 年，我国普通高等学校 205 所，在校生人数只有 11.7 万人，平均每 10 万人口中的高校在校生数只有 22 人。面对校舍陈旧、设备破损、人才流失等极端落后的状况，面对朝鲜战争爆发，为了巩固新生政权，新中国推行了工业化赶超战略，把优先发展重工业作为国民

① 李江源．教育制度的缺陷及补救路径［J］．嘉应大学学报（哲学社会科学），2002（8）．

经济的基础，迅速建立起高度集中的计划经济体制，并开始了新中国的高等教育事业。

1. 中国计划经济体制下高等教育发展的阶段

1949年以来，中国高等教育大体经历了四个时期。1949年至1957年为改造和学习的时期；1957年至1965年为探索中得到初步发展时期；1966年至1976年为“文化大革命”十年动乱时期；1977年至1993年为恢复发展时期。

（1）1949年至1957年为改造和学习的时期

与新中国面临的政治、经济形势相适应，我国的高等教育在“一五”期间，开始了收回教育主权，调整改革的工作。1950年6月，教育部召开第一次高等教育会议，制订了新中国第一个《高等学校暂行规程》，明确了“人民当家作主”的高等学校办学指导思想，并在以下两个问题上达成共识：一是逐步改变旧高等教育各立门户、各自为政的无政府状态，实现统一集中的领导，高校布局与发展要逐步做到有计划；二是改变过去崇拜欧美式的旧大学，学习苏联的经验，改革我国的高等教育。1951年，教育部又明确提出了高等教育改革的三项基本任务：一是教育制度改革（包括院系调整）、二是教育内容改革（课程改革和教材的修订）、三是改进教学方法。此后便开始了对旧有高等教育体制的改造，大致于1956年才基本完成。

关于收回高等教育主权。在半殖民地半封建的旧中国，中国的主权实际上得不到有效的实施，高等教育的主权也是如此。如1946年签订的《中美友好通商航海条约》规定，美国人有从事科学、教育、宗教、慈善事业的权利；1947年签订的《中美教育合作协定》规定，美国可以用相当于2000万美元的款项作为经费在中国进行各种教育活动。据 1950 年底的统计，全国接受外国津贴的高等学校共计 20 所，共有学生 14536 人，教职员工 2940 人。1950 年政务院通过《关于处理接受美国津贴的文化教育救济机关及宗教团体的方针的决定》，明确要求将这些机关改为中国人民完全自办的事业。对教会大学采取全部收回的政策；对私立大学先是采取“积极维持、逐步改造、重点补助”的政策，后由于该类学校经济拮据、设备较差、师生较少、质量不能保证，在私立学校师生的要求下，国家逐步进行了接受。在高校课程改革中，1950 年，政务院批准了《关于实施高等学校课程改革的决定》，教育部颁发了《关于全国高等学校马克思列宁主义、毛泽东思想课程的指示》、《关于制定高等学校工科本科和专修科各专业教学计划的规定（草案）》等指导性文件。取消了国民党的“党义”、“训导”等课程内容，并开设了马克思主义课程，建立了政治思想工作的制度。在收回教育权后，我们学习了苏联的教育思想和整个教育管理体制，在学制、计划、大纲、教材、教法以及经验和学科设置等方面进行了调整和改革。至此，中国人民完全实现了中国高等教育的主权。

关于院系调整。旧中国留下来的高等教育体系，实际上并不能适应新中国建设的需要。具体表现在：高等学校在层次结构上很不合理，在区域分布上很不平衡，在系科设置上重文理轻工科、院系重复设置严重，学校教育质量难以保证等。基于以上问题，1951 年在北京召开了全国工学院院长会议，提出以华北、华东和中南地区为重点的工学院调整方案。1952 年，教育部根据“以培养工业人才和师资为重点，发展专门学院，整顿和加强综合性大学”的方针，以华北、东北、华东为重点的全国高等院校院系调整工作。院系调整工作是以大行政区为单位，由中央决定、教育部制定的全国性大规模高校调整方案，调整的直接目的是为苏联援建的156项重点建设项目输送工业建设专门人才。院系调整工作使得高等教育第一次纳入到国民经济发展计划，形成了适合我国国情的相对完备的高等工科教育体系，在相当长一段时期内基本满足了我国社会主义建设对高级人才的需要，达到了于通过加强计划性来合理配置教育资源，提高办学效益，更加直接地为新中国的社会主义建设服务的目的。

(2) 1957年至1965年为探索中得到初步发展时期

1956年9月召开的中国共产党第八次全国代表大会标志着我国社会主义改造已基本完成，开始转入全面的社会主义建设时期。高等教育也相应地基本完成对旧体制的改造，转入到建立新的较完善的社会主义高等教育制度上来。此时在高等教育系统施行着《中华人民共和国高等学校章程草案》。这个章程是我国社会主义高等教育体系的一个雏形，是对前几年高等教育改革实践的一个经验总结，它不仅规定了社会主义高等学校的基本任务，而且也明确了以校（院）长负责制为基础的社会主义高等学校内部管理体制。

在这种实践背景下，我国高等教育界开始探索适合中国国情的高等教育体制。1956年6月，教育部在第一届全国人大第三次会议上指出高等教育今后应以提高质量、贯彻全面发展的教育方针为中心任务，要认真解决培养学生独立思考和工作能力，克服学生学习和生活过分紧张的问题。以后，我国高等教育以全面发展和学生独立思考能力培养等方面为“切入点”，寻求完善、适合中国情况的高等教育体制。1957年6月，中共中央发出了《关于组织力量准备反击右派分子进攻的指示》，在全国开展了一场反右派的斗争，自此，对我国高等教育体制的探索被政治斗争所取代，有关的思索也因此被中断。1961年党的八届九中全会制定了对国民经济实行“调整、巩固、充实、提高”的方针后，教育部重新开始对新中国成立以来高等教育工作的经验进行较为系统的总结，并致力于形成健全高校内部的正常秩序。对重点高校实行“四定”（定规模、定任务、定方向、定专业），强调要通过调整建立完善的教学秩序，大力提高教学质量，加强对重点学校的集中管理。并制定试行了《教育部直属高等学校暂行工作条例（草案）》（简称“高校六十条”），明确指出，中国高等教育的管理体制为“中央统一领导，中央和省、市自治区两级管理”。这标志着新中国社会主义高等教育体制的设想及尝试已成雏形，这对我国高等教育的进一步发展发挥了积极的历史作用。

（3）1966年至1976年为“文化大革命”十年动乱时期

高校遭到严重破坏，学校长期停课，整整十年没有招生。据统计，在这十年中，国家少培养研究生十万人，大学本科生和专科生一百余万人，社会的进步和发展受到了极大的限制。在此期间，党对高校的正确领导被破坏，教师专家队伍受到了残酷迫害，高等教育基本陷于瘫痪。

（4）1977年至1985年

粉碎“四人帮”以后，我国的高等教育界进行了全面的整顿，恢复高校统一招生和一系列以往曾被证明行之有效的规章制度、教材和教法等。从此，我国的高等教育事业有了长足的发展，普通高校由1977年的404所到1985年增至1075所，增长近170％。

2. 我国计划经济体制下高等教育的宏观运行特点

计划经济最基本的特征之一就是按照政府制定的计划进行人力、财力、物力资源的配置。高等教育具有人才培养、科学研究和社会服务的功能，为社会培养大规模的、系统的高级专门人才是高等教育区别与科研机构和其他社会服务机构的基本特征。为便于理解问题，本书以人力资源的配置为主，其他形式的资源配置为副进行讨论。在计划经济体制下，政府首先是制定国家的社会经济发展计划，然后再根据社会经济发展计划来确定人才需求计划。例如，在未来的若干年内准备建立多少座工厂，多少公里的铁路，多少个油田，因此需要多少名各级各类专业人才。政府的计划部门据此制定高等教育事业发展计划和高等院校的招生计划，财政部门再根据招生计划的定额确定高等教育的拨款计划。高等学校必须根据政府有关部门的计划要求来确定自己的工作计划、用人计划（如教师和管理人员的聘任计划）、课程设置计划和教学计划。经过计划培养过程，国家再制定高等院校毕业生分配计划。用人单位根据国家计划接受统一分配的学生。这种体制明确规定了政府机构“所颁发的有关全国高等教育的建设计划（包括高等学校的设立或停办，院系及专业设置、招生任务、基本建设任务）、财务计划、财务制度、人事制度、教学计划、教学大纲、生产补习规程以及其他重要法规、指示或命令，全国高等学校均应执行。”① 如下图。

① 《政务院关于修订高等学校领导关系的决定》，1953 年 10 月 11 日发布。

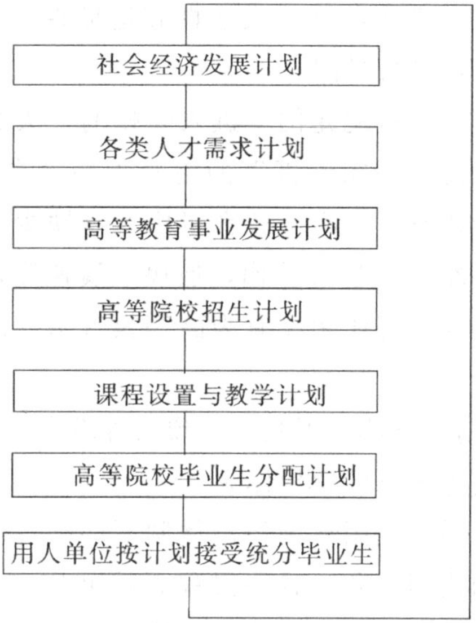

图 1　计划经济条件下高等教育系统的宏观运行机制示意图①

在计划经济条件下，政府按照行业的划分设置了许多相应的管理部门，如机械工业部、电子工业部、冶金工业部、化学工业部、石油工业部等数十个部；每个部门又都根据本行业的发展计划和相应的人才需求计划设置为本行业服务的高等院校，例如化学工业部设置若干所化工大学或化工学院；石油工业部设置若干个石油大学和石油学院，各个省市也都根据其自身的人才需求计划设置各种各样的地方院校，从而造成了全国高等教育系统的“条块分割”、“部门分割”、“重复建设”和“效益低下”等一系列问题，也造成了学生知识面不够宽，综合素质不够高，面对各种

① 闵维方．高等教育运行机制研究［M］．北京：高等教育出版社，2002．3．

各样的社会需求，缺乏足够的灵活性和适应性，“专业不对口”、“学不能用”等情况比比皆是。

另外，经过“鲤鱼跳龙门”进入高校的“天之骄子”可平静地等待分配，获得“国家干部”的终身保障。在这种既无竞争，又无淘汰的运行状态下，高等教育机构本身缺少一种内在的激励机制去推动其不断优化学科结构，加快发展速度，提高培养质量和办学效益。计划经济体制没有为高等教育事业的发展提供内在的驱动源泉。

3. 我国计划经济体制下政府干预高等教育的主要领域

(1) 我国高等教育的领导体制

新中国成立后，我国计划经济体制下的高等教育领导体制经历了一个曲折的摸索过程，这一过程大致可分成三个阶段。第一阶段是1949年至1958年，高等教育领导体制以高度集中为基本特征。如1953年，高等教育部根据政务院《关于修订高等学校领导关系的决定》，发出通知确定148所高等学校的直接管理关系：高等教育部直接管理8所，中央各业务部门管理30所，大区行政委员会管理72所，省市自治区管理38所，归地方管理的高校只占总数的25.68%；第二阶段从1958年到1962年，高等教育领导体制的特征是下放权力，也即中央除了保留对少数综合性大学和某些专业学校的直接领导之外，把其他高校都下放给省市自治区来领导。如1958年的《关于高等学校和中等技术学校下放问题的意见》，将原中央领导的229所高校中的187所下放归地方领导，下放率达81.66%；第三阶段从1962年到“文化大革命”开始，这一阶段主要是既能保证中央对高等学校的有效领导，又能顾及地方的积极性的领导体制，这集中反映在1963年的《关于加强高等学校统一领导、分级管理的决定（试行草案）》，这个文件基本上确立了中国的高等教育领导体制。

（2）我国高等学校的管理体制

1950年，教育部颁发《高等学校暂行规程》和《专科学校暂行规程》，都明确规定高校实行“校长负责制”，在校长领导下设校务委员会。但这一体制不久就被认为是“一长制”，“容易脱离党委领导”，因而在1958年的《关于教育工作的指示》中要求实行“学校党委领导下的校务委员会负责制”，强调了集体领导。1961年的《教育部直属高等学校暂行工作条例（草案）》在总结新中国成立12年中高等教育工作的经验教训的基础上，规定高等学校应实行“党委领导下的以校长为首的校务委员会负责制”，并且指明：“高等学校的校长是国家任命的学校行政负责人，对外代表学校，对内主持校务委员会和学校的经常性工作”。

（3）我国高等教育的教学与科研

教学与科研是高等教育的两个基本职能，同时也是高等学校工作的中心环节。“文化大革命”以前，在“以阶级斗争为纲”的“左”的思想影响下，高校频频受到政治运动的干扰和冲击，不仅科研工作难以顺利地开展起来，在相当多的情况下，连正常的教学秩序也不能保证，党的十一届三中全会以后，高校的教学与科研才步入发展的轨道。

在专业设置方面，中国高等教育实行按专业培养人才。专业一般设置在文、理、工、农、医等各学科内。专业目录中的专业种类数量50余年来经历了先由少至多，后由多至少的变化过程。1952年，经过院系调整，全国高校共设置专业215种，目前的专业数增加到1343种，但其中部门专业分工过细，口径过窄，适应性差；文科系科，特别是财经、政法以及一些应用性专业数量较少，不能满足社会对这方面人才的需求。

在教学制度方面，我国高等学校一直采用苏联高校的学年制。学年制对于修业的年限、教学时数、学生学习的课程内容，都有严格的规定。近年来，我国已有近一半左右的学校实行有计划指导的学分制，加大选修课的比例。在这些学校，选修课已占到全部课程的20%－30%，一些高等学校还在试行第二学士学位制，主辅制，导师制等。

在教学计划的制订上，每一种专业的培养目标和培养规格，一般都集中反映在专业的教学计划中。为适应社会的不断变化和对于专业人才的不同要求，教学计划随之调整。许多学校都比较重视对专业人才进行基础理论、基本知识的教学和基本技能的训练、重视外语和计算机技能培养，并通过各种形式，实行教学、科研、社会实践三结合，加强实验、实习等环节。

在教材建设方面，自1978－1987年，据不完全统计，高等学校的文理工农医等各科各类教材已出版10000种左右，每个专业平均有15种教材可供选用。普通高等学校各科和基础课程和主要的专业课程基本上都有了正式出版的教材，一些专业面较宽、专业设置较多的专业，每门课可有数种教材选用。

二、社会主义市场经济条件下的高等教育资源配置经验

1. 社会主义市场经济体制完善期高等教育的宏观运行特点

在计划经济条件下，高等教育系统与社会其他系统之间人员、资金、设备等要素的交换，主要是按照计划并通过政府作为中介进行。而在市场经济条件下，高等教育和其他社会系统之间可以通过市场直接进行。在这种情况下，社会的需求可以直接反映到高等学校，而不再依靠政府的介入。在市场经济条件下，政府、高等学校、教师、学生、用人单位、需要科技服务的单位和

提供资金的单位成为高等教育系统运行中的参与者，它们相互作用并构成四个主要市场：一是教育市场。教育市场的形成基础是求学者对高等教育的需求，求学者是“买方”，高等学校是“卖方”。目前，我国的高等教育系统中存在着普通本专科教育、成人高等教育、民办高等教育和高等职业教育等四个教育市场；二是高等学校毕业生形成的劳动力市场。它的形成基础是社会上各行业、各单位对接受过高等教育的人才的需要，这里的“买方”是需要高等学校毕业生的用人单位，“卖方”则是高等学校的毕业生；三是科技服务市场。它的形成基础是社会上某些部门、单位对某些科技成果的需求；四是办学要素市场。他的形成基础是高等学校对办学必需的人、财、物等条件的需求。随着市场机制的逐步完善，高等教育系统中的市场将逐渐显露出来，并渗透于高等教育的各个角落。

在社会主义市场经济建立初期，最先显露出来的是高等学校毕业生形成的劳动力市场。在毕业生就业市场中，用人单位需要何种专业何种层次的毕业生，其工作起薪多少，福利待遇如何，发展前景如何，这种职业的社会地位的高低，及各级各类毕业生的数量、能力、就业期望等构成毕业生供求及其价格信号，求学者及其家庭接收到市场信号后产生相应的期望收益，这一期望收益影响着人们对高等教育的需求，人们对高等教育的需求拉动高等教育供给，高等教育需求和供给相互作用，两者达到均衡点时的学费水平和招生规模就是市场机制作用下的高等教育市场中的价格和数量。研究表明，高等教育需求不仅受预期收益影响，也受学费水平和家庭收入的影响，如果把人们对高等教育的需求量看作学费的函数，那么高等教育的需要函数是一个减函数，高等教育的需求曲线是一条下倾的曲线。同时，在生均成本既定的前提下，当高等学校的经费增加时，高等学校就可以为更多的学生提供教育服务，因此，高等教育的供给函数是一个增函数，高等教育供给曲线是一条上倾的曲线。从上述得知，在市场经济体制下，高等学校毕业生就业市场和高等教育市场之间是相互作用的，高等学校的毕业生进入劳动力市场谋职，劳动力市场根据其供求实现人力资源在社会生产和服务的各行各业中的配置。

高等教育具有准公共产品的属性，高等教育的私人产品特性表现在它具有排他性和竞争性，公共产品特性表现在它能带来巨大的社会收益和外在效益。因此，高等教育不可能像私人企业那样追求成本最小和利润最大，单凭市场机制无法达到教育领域中资源配置的最优化。另外，劳动力市场的供求关系和价格信号也是影响学生选择学校和专业的重要因素。由于高等教育产品的培养周期较长，市场反馈的信息往往是滞后的，而且由于获取信息的渠道不完备，学生及其家庭很难获得足够充分的信息。在计划经济条件下，人们面临的选择较单一，信息的问题并不严重。而在市场经济条件下，人们面临多种选择，信息渠道和信息量就显得特别重要。因此，政府对高等教育的宏观调控无论在发达的市场经济国家还是在发展中国家，都应发挥重要作用。

2. 社会主义市场经济条件下高等教育资源配置问题

我国是发展中国家，人均资源占有量少，各地区的财力状况、人文环境、社会发展水平存在着巨大区域性差异，这是我国最大的国情。这一事实决定了我国高等教育资源在优化配置过程中存在如下普遍性问题，我国不可能像许多欧洲福利国家那样实行免费高等教育，也不可能按照高校的需求来分配资源。具体表现为高等教育资源并没有伴随着高校入学规模的扩大而同步增长，生均平均经费难以提高，师生比例不断下滑，大规模的高等教育和低水平的教育投入普遍带来教学科研设施不齐全、设备低劣、公共经费紧张、图书资料陈旧等问题，人力、物力和财力资源的增长远远滞后于高等教育大众化的步伐。“穷国办大教育”的国情使我国的高等教育资源十分短缺，同时也为区域间、结构上配置的不平衡埋下了隐患。

在如何建立面向社会、面向市场的办学体制，如何实施包括教学制度、学术制度、人事制度、财务制度、后勤制度等在内的高校内部制度改革，以提高高校自主办学的能力的过程中存在如下特殊性问题：

在高等教育类型结构方面，高等教育类型结构与当前经济社会发展的人才需求不相适应。从我国应用型人才的进口看，高等职业教育在高等教育中处于末端，高等职业学校在高考录取新生中一般处于第四、五档录取分数线上，导致生源质量不高，影响了技术工人队伍的培养。从我国应用型人才的出口看发展很小，导致人们不愿意甚至害怕进入职业教育，显然我国应用型人才队伍建设的发展通道不畅，是造成我国应用型人才短缺的主要原因之一。高等职业教育的规模不足，导致整个社会应用型人才的总体数量不足和素质偏低，影响我国的经济发展和教育发展。如产业工人数、技术工人数、技师数、高级技师数。

在高等教育体制结构方面，民办教育往往被认为是体制外的教育，难以享受与公办教育同等的国民待遇。我国公办教育非常发达，且集中了优势教育资源，而民办教育在庞大的公办教育系统的夹缝中生存并处在不公平的位置，具体表现在以下五个方面：一是没有形成互相促进的结构格局；二是公办学校与民办学校的法律地位不平等；三是民办学校缺乏应有的招生自主权；四是民办学校的教师没有与公办学校的教师地位平等；五是民办学校的学生没有与公办学校的学生地位平等。

在高等教育管理体制方面，在市场经济逐步发展与完善的背景下，人们在高校与政府关系问题上长期形成的思维定式以及制度惯性仍在发挥着作用。1985年以来，我国以扩大高校办学自主权为主要内容的高等教育管理体制改革改变了中国高校与政府的关系，市场作为一个新的要素加入到高等教育资源配置过程中，政府与高校的领导和被领导关系被打破，逐渐形成了高校、市场与政府的多元化关系，政府对高校的领导与管理权限没有由法律所规定下来的明确界限，同时政府在行使这些权限时也没有必要的监督与制约，这种情况在政府高度集中管理的体制内或许习以为常，但是在高校必须面对市场自主办学的今天就不得不加以改变。

在高等教育层次结构方面，在教育经费总额有限的情况下，对高等教育的投入，对专科、本科、研究生层次的投入，是一种结构性选择问题，这是我国当前教育层次结构面临的突出问题。首先表现为教育投资占国民生产总值的比例呈下降趋势；其次是教育支出的增长明显低于财政收入的增长速度；再次是地方教育经费中预算内教育经费和预算外教育经费所占比例各地差距较大；最后是高等教育投资的内部投入和使用结构比例失衡。为弥补经费短缺问题，围绕学校创收、经营、转制、收费、产权等内容，开展了以增长和效率为主要追求的教育改革。出现了近些年来教育领域的大学高收费情况，直接导致了高等教育入学机会分配上的差异。

在高等教育招生就业方面，高等教育“过度化”问题是当前社会关注的焦点，具体表现为：一是较多的大学毕业生找不到工作；二是接受过较高层次教育的毕业生从事较低层次的工作。

3. 社会主义市场经济条件下高等教育资源配置的主要做法

上述发展速度、教育质量、制度建设等方面的问题既构成了中国高等教育进一步发展的现实条件，也是中国高等教育在未来发展中必须着力解决的课题。为此，近年来，政府与各个高校采取了以下一些主要措施。

一是坚持质量是高等教育发展生命线的工作重心。近年来，政府与各个高校采取多种方法与措施保证与提高高等教育质量。首先开展了大规模的本科教学质量评估工作。从 2003 年起，教育部每年组织专家对部分本科高校的本科教学状况进行评估，计划用 5 年时间分批将全国约 700 所本科院校评估一遍。2003 年首评 42 所高校，其中 39 所高校的本科教学状况得到优秀或良好的评估结果。其次，为鼓励在本科教学中取得突出成绩的教师，教育部还组织全国优秀教学成果奖的评奖工作。2005 年，第五届全国优秀教学成果奖共评出特等奖 3 项，一等奖 59 项，二等奖 537 项。评估是对一所高校本科教学工作的全面检查，评奖是对本科教学卓有成绩的教师的奖励，这种面与点的结合旨在促进对本科教学的重视，提高本科的教学质量。

二是为适应市场经济体制对人才需求的变化，高等教育规模的迅速扩大以及人们高等教育观念的改变，高校在人才培养方面采取了灵活、多样的模式与方法，以培养适应社会变化的各种类型人才。在多领域、多视角、多内容的教学改革中，拓宽学生的基础知识，加大学生选择课程的自由度是一种共同的趋向。例如，有的高校制定规则，允许部分学生入学后重新选择专业；有的高校按类别招生（如物理、化学等），学生进校后首先按类别修读课程，一二年后再分专业；有的高校将按类别学习实施得更为彻底，即学生入学后按照文、理两大类，甚至不分文理进行共同基础课程的学习（如复旦大学）。

三是为了提高高等教育的整体水平，提高高等学校在国家经济建设与社会发展中的作用，政府实施了重点建设高水平大学的战略措施。20 世纪 90 年代，政府为了进一步发展高等教育、提高高等教育的水平，启动了面向 21 世纪，重点建设 100 所左右高等学校的大型重点建设项目——“211 工程”；1998 年 5 月，在北京大学建校一百周年纪念大会上，江泽民在讲话中指出，“为了实现现代化，我国要有若干所具有世界先进水平的一流大学”，同年底，教育部在《面向 21 世纪教育振兴行动计划》中将创建若干所具有世界先进水平的一流大学列为计划的重要组成部分之一，由此开始了一项新的国家重点大学建设项目——“985 工程”。“985 工程”的确立与启动，标志着中国的重点大学制度进入了以创建具有世界先进水平的一流大学为明确目标的新阶段。

四是为了解决广大民众接受高等教育与教育资源相对匮乏、大力发展高等教育与国家投入高等教育的经费有限之间的矛盾，政府采取了大力调动民间财力发展高等教育的战略措施。调动民间财力参与高等教育首先体现在促进民办高等学校的发展上。2002 年《中华人民共和国民办教育促进法》的公布与实施，为民办高等教育的发展提供了法律保障。调动民间资本参与高等教育的另一个体现是高校实施了学费制度，2002 年，教育部下发了《关于调整普通高校学费标准的通知》，学费成为高校经费的主要来源之一的同时，也给一部分低收入家庭的子女接受高等教育带来了困难。为此，政府出台了国家奖学金、银行贷款等多项措施，来保证被高校录取的低收入家庭的子女能够上大学。

三、我国高等教育资源配置改革的历史依据

我国高等教育的历史非常悠久，《礼记·王制》中就有“小学在公宫南之左，大学在郊”的提法。就制度而言，大致经历了四个不同历史阶段：一是以经学为主的封建高等教育制度的形成阶段；二是以西方教育为模式的半殖民地半封建高等教育制度的形成阶段；三是计划经济体制下的高等教育体制形成阶段；四是社会主义市场经济条件下的高等教育体制的转型确立阶段。

鸦片战争后，中国被迫进入世界，并接受各种不平等的世界关系，不仅在政治、经济、军事、外交方面受到屈辱，而且在文化和教育方面也不得不忍痛放弃或暂时割爱民族文化教育模式，从各个方面被迫接受“西学”，自觉不自觉地开始接受西方教育模式。

1. 中国近代大学制度是“西学渐进”的产物

中国近现代大学制度是从清朝政府创办的京师大学堂开始的，不仅经历了清朝、北洋政府和国民党统治时期，还经历了废除科举制度、倡导教育维新、“中体西用”大学制度的确立过程。无论是设立国立学堂，还是私立学堂；无论是公立和私立学校的管理建制，还是内部办学管理机制，都深受西方国家现代大学制度的影响和熏陶，成为中国现代大学制度建立的基础。

京师大学堂是北京大学在1898年到1912年间所使用的名称，由光绪皇帝在戊戌变法前夕下令成立，它不仅是中国第一所国立综合性大学，也是当时中国的最高教育行政机关，标志着我国近代大学教育的开始。

1903年，清政府颁布了《奏定学堂章程》，这是由国家颁布的第一个在全国范围内推行的系统学制，因光绪二十九年为癸卯

年，故又称“癸卯学制”。其内容涉及普通教育、师范教育、实业教育及学务管理等，规定了各级各类学校的目标、年限、入学条件、课程设置及相互衔接关系。规定任何学堂“均以忠孝为本，以中国经史之学为基，俾学生心术壹归于纯正，而后以西学论其知识，练其艺能，务期他日成才，各适实用”为宗旨。这一学制突出体现了“中学为体，西学为用”的思想，对以后学制的组织形式影响颇大。1903 年后，各省都得遵照章程的规定办学，到 1911 年清王朝覆灭时，全国有京师大学堂、山西大学堂和北洋大学堂等 3 所公立大学堂，学生 112 人，各省有 24 所高等学堂，学生 4203 人。

辛亥革命后，南京临时政府制定公布了“壬子癸丑学制”。因干支分别属“壬子”、“癸丑”而得名。“壬子癸丑学制”是中国第一个正式实施的现代学制。该学制规定了高等教育的培养层次和年限，还规定了大学应以国家需要教授高深学术、养成硕学闳材为宗旨。分文、理、法、商、医、农、工等 7 科。各科再分为若干门（相当现在大学中的系）。师范学校以造就小学教员为目的，高等师范学校以造就中学校、师范学校教员为目的。在推行该学制的同时，颁布了《大学令》，对学校的目的任务、课程设置、学校设备、入学条件、教职员任用、经费及领导管理作了具体规定。该学制对当时的高等教育起到积极作用，京师大学堂于 1912 年 5 月 15 日改名为北京大学。1917 年，蔡元培接任北大校长，他“循思想自由原则、取兼容并包之义”，对北京大学进行了思想解放和学术繁荣，北京大学从此呈现了完全崭新的气息，从而成为中国的学术中心，乃至五四运动和“新文化”运动的发源地。

1922 年 11 月，中华民国北洋政府以大总统令颁布了《学校系统改革案》，其中规定的学制系统被称为“壬戌学制”。关于高等教育的规定：(1) 大学设数科或1科（称某科大学）；(2) 大学校修业年限4到6年；(3) 大学采用选科制；(4) 取消大学预科；(5) 因学科及地方特别情形，可以设专门学校，年限为3年；(6) 大学和专门学校得附设专修科，年限不定；(7) 设大学院，年限不定。[①] 新学制主要是参照了当时美国的“六三三制”。新学制的颁布和实施标志着中国资产阶级新教育制度的确立，标志着中国近代以来的学制体系建设的基本完成，标志着我国现代大学的形成和发展。

2. 中国近代大学管理体制具有“行政化”趋向

与西方大学的发展不同，旧中国大学从它诞生之日起就与政府紧密相关。虽然大学争取学术自治的呼声从来没有停止过，但由于当时的殖民痕迹深重，传统的家族手工业基础上发展起来的民族资本主义还相当微弱，在特定的历史环境下，从京师大学堂开始，旧中国大学的生存和发展一直依附于中央政府的庇护和管制之中，从法律、经费和教学制度上体现了一个“强”政府的形象。

清末初设高等学校时，并无专管学校教育的官员和机构。清政府1898年7月下令兴办京师大学堂，委派吏部尚书孙家鼐为管学大臣，管理大学堂事务并节制各省所设学堂。1903年，清政府颁布“癸卯学制”时颁发了《学务纲要》，其中提出了“京师应设总理学务大臣，统辖全国学务”，另设“总监督”专管京师大学堂事务，并受总理大臣节制[②]。1905年11月，清政府废止科举制度，将国子监和礼部并入新设置的学部，学部下设实习、专

① 毛礼锐. 中国教育史简编［M］. 北京：教育科学出版社，1984.

② 舒新城. 近代中国教育史料［M］. 北京：中华书局，1933.

门、普通、总务、会计 5 个司 12 个科，高等教育属于专门司教务科管理。学部的设置标志着中国近代高等教育行政管理机构的建立。1912 年 1 月 9 日，南京临时政府设立教育部，下设学校教育司、社会教育司和历象司，高等教育归学校教育司管理。“南北”政府统一后，高等教育由专门教育司管理，该司下设 3 个科：第一科为大学科，第二科为高等专门科，第三科为留学科。中国近代高等教育行政管理机构自此开始完备。

1927 年，国民党南京政府设立了“大学院”。“大学院为全国最高学术教育机关，承国民政府之命，管理全国学术及教育行政事宜。”就内容上看，“大学院”将教育行政和学术管理机构统一起来；就形式上看，“大学院”是独立于政府之外的机构，这是不同于教育部的特征。同时，仿照法国将全国分为若干大学区，执行“大学区”制度。1928 年冬，南京国民党政府取消了“大学院”，恢复了教育部，同时也废除了大学区制，各省恢复了教育厅。全国高等学校仍归教育部高等教育司管理。1929 年 7 月，南京国民党政府颁布了《大学组织法》、《大学规程》，其中规定：大学分国立、省立、市立和私立 4 种，归属于教育部。私立大学，必须有董事会的组织。自此，中国现代高等教育的行政均隶属于教育部的管理体制一直未变。

1927 年国共分裂后，中国共产党在苏区按照苏联模式建立了中央大学，其首要任务是培养中国共产党的大批干部，因此这些学校的管理体制具有战时的特殊性质，管理体制具有中央集中模式。这种办学体制积累起来的经验不仅融入中共办学的传统，而且成为新中国成立后普通大学办学的一种重要模式。

3. 中国近代大学教育结构由单科向多科性发展

在我国近现代高等教育的起始阶段，高等教育只有少量技艺性质的外国语、军事和科技等 3 类专门学校，“学校之种类太单简，不足谋教育多方之发展”[①]。1903 年的“癸卯学制”标志着我国近代高等教育的确立。这时的高等教育纵结构是高等学堂（或大学预科）、大学堂、通儒院三级制。辛亥革命后，大学教育的横结构分为文、理、法、商、医、农、工 7 科，取消了清末的经学科。1917 年，蔡元培任北京大学校长后，对北大的体制进行了一系列的改革，改科门为系，全校设有数学、物理、化学、地质、哲学、中文、英文、法文、德文、俄文、史学、经济、政治、法律等 14 个系，并成为旧中国大学建校的样板。在我国近现代高等教育的横结构方面，除了大学教育的系统外，还有高等师范教育，农、工、商高等实业学校。

1922 年“新学制”规定，单独设立一科者称某科大学或独立学院。颁布后，1921 年时公私立大学共 13 所，到 1928 年增至 49 所，7 年间大学（包括单科大学）增加约 4 倍。高等教育的特征是单科大学（或独立学院）和多科大学并举，且独立学院的增长率比大学高。这期间，新学制建立了比较完善的职业教育系统，机构主要有两种，一是独立的职业学校和专门学校；二是附设于高小、初中、高中的职业科以及大学的专修科，这种改革既注意了普通教育与职业教育的沟通，又加重了职业教育在整个教育体制中的比重；新学制关于师范教育制度的改革，突破了师范教育自成系统的框架，使师范教育种类增多、程度提高、设置灵活，一是在中等教育阶段，除原有师范学校及附设的小学教员讲习所外，高级中学还可设师范科，师范学校的修业年限增加到 6 年，

---

① 璩鑫圭，唐良炎．湖南省教育会提议：改革学校系统案//中国近代教育史汇编·学制演变［M］．上海：上海教育出版社，1991．836、833．

这既注重学生专业理论和职业技能的培养，又照顾到学生的个性和兴趣，二是在高等教育阶段，将旧制高等师范学校升格为师范大学，并在大学教育科（系）附设二年制师范专修科，招收高中毕业生和师范学校毕业生，从而使高等师范教育与大学处于同一发展水平；新学制缩短高等教育年限，取消大学预科，使大学不再担任普通教育的任务，这有利于大学进行专业教育和科学研究。

国民政府出于推行“三民主义”教育的需要，于 1928 年、1932 年、1940 年陆续出台了一些配套政策，对新学制进行多次修补，如 1928 年在中华民国大学院第一次全国教育会议上，提出了《整理中华民国大学校系统案》，即“戊辰学制”。1929 年国民政府公布《中华民国教育宗旨及其实施方针》，规定大学教育的目标：“大学及专门教育，必须注重实用科学，充实科学内容，养成专门知识技能，并切实陶融为国家社会服务之健全品格”。同年夏，国民政府和教育部配套公布《大学组织法》、《大学规程》和《专科学校组织法》、《专科学校规程》，对大专院校的目标、学制、办学、课程等作了规定。按上述规定，全国大专院校分为国立、省立、市立和私立四种，大学分科改为学院，分设文、理、法、农、工、商、医各学院，并增设教育学院，凡具备三个学院以上者，方可立为大学，否则只能作为独立学院，这纠正了 1922 年新学制降低大学标准的缺陷；进入 30 年代，国民政府对高等教育继续进行提高教育质量和效率的部署，通过了《确立教育设施趋向案》，根据“大学教育以注重自然科学及实用科学为原则”的精神，高等教育的办学就此向注重实科的方向发展，要求对文法科严格审查，分别归并或停年招生、或分年结束，而将所节余的经费移作扩充或改设理、工、农、医科之用，这一部署使高等教育内部学科专业结构趋于合理，对中国历来重文轻实的教育传统有所改变。

4．中国近代高等教育思想特点

中国近现代高等教育思想历经西学的输入、维新运动的启蒙、五四新文化运动的洗礼，逐渐从半封建半殖民走向独立自主、逐渐从封闭走向开放、逐渐从传统走向现代。

面对鸦片战争中列强的凌逼和太平天国农民革命的冲击，清王朝中的一些开明官吏和知识分子从关心国家民族的命运出发，如以奕䜣、曾国藩、左宗棠、张之洞为代表的洋务派和以龚自珍、魏源为代表的先行觉醒的知识分子，开始发出要求变革和向西方学习的呼声，成为中国教育近代化的思想先导，开一代教育改革之风。集中反映在张之洞的《劝学篇》、魏源的《海国图志》、《皇朝经世文编》、林则徐的《华事夷言》、《四洲志》和《各国律例》等著作中，他们的教育主张是"不拘一格降人才"、"复兴'经世致用'学风"、"师夷长技以制夷"。以揭露封建"衰世"黑暗腐朽著称的龚自珍热情地呼唤："九州生气恃风雷，万马齐喑究可哀，我劝天公重抖擞，不拘一格降人才。"集中批判了以科举制度为主体的人才选拔和晋升制度，指责科举制度以单一的儒学经义和八股文作为选才的标准，使世人在故纸堆中读那些空洞无实用价值的文章，从"经世致用"的观点出发，指出"田夫、野老、驺卒之所习熟，今学士大夫谢之，以为不屑知，自珍获知之，而以为创闻"[①]。"制夷"在当时是全国关注的焦点，"经世致用"的思想也被延用到制夷、悉夷、师夷的路径上来。被誉为"开眼看世界的第一人"的林则徐，在广州办夷务时就注意对

① 王佩净．龚自珍全集［M］．上海：上海古籍出版社，1999，116．

夷情的了解。改革派人士对西学的倡导和介绍在知识观上突出“经世致用”的标准，不拘泥于夷夏之辨，这是促使中国教育由以民族文化为中心的传统封闭向与世界文化交流的开放型转变的重要一步。

随着“西学东渐”的深入以及近代工商业的产生和发展，中国思想界涌动着一股资产阶级启蒙思潮。中日甲午战争后，这股思潮迅速转变为一场声势浩大的政治维新运动。康有为、梁启超和严复等维新代表人物，沿着早期资产阶级改良派的思想路线，形成了比较系统的维新理论，他们一致强调教育的作用和地位，把教育作为改变中国落后状况的出发点，呼吁改革科举制度，建立新的学校制度，发展新式教育，发展新式教育，开放女子教育。维新代表人物的教育思想与早期改良派的教育主张一脉相承，只是要求更强烈、表达更明确、理论更系统。康有为在《公车上书》中，通过比较不同国家的强弱形势和人才状况，得出结论“才智之民多则强国，才智之士少则国弱”[①]。在《请开学校折》中更将日本战胜中国的原因归结为教育的成功。“近者日本胜我，亦非其将相兵士能胜我也。其国遍设各学，才艺足用，实能胜我也。”[②] 进一步指出“欲任天下之事，开中国之新世界，莫亟于教育”[③]，并提出废八股改策论，办学校改课程的教育主张。梁启超一生著述宏富，撰写了一系列介绍西方资本主义国家社

① 璩鑫圭，童富勇．中国近代教育思想史资料汇编·教育思想［M］．上海：上海教育出版社，2007，135．

② 璩鑫圭，童富勇．中国近代教育思想史资料汇编·教育思想［M］．上海：上海教育出版社，2007，141．

③ 梁启超．康有为传［M］．北京：团结出版社，2004，9．

会、政治、经济、文化教育的文章，教育代表作有《变法通议》、《湖南时务学堂学约》、《论教育政策私议》、《论教育当定宗旨》等，堪称一代资产阶级思想启蒙大师。“亡而存之，废而举之，愚而智之，弱而强之，条理万端，皆归本于学校”，梁启超思想的突出之点是明确将“开民智”与“兴民权”联系起来，为“兴民权”而“兴民智”，这在一定程度上揭示了专制与愚民、民主与科学的内在联系，具有一定的民主科学的启蒙内涵。严复是中国近代从德、智、体三要素出发构建教育目标模式的第一人，在教育方面的著述主要有《原强》、《救亡决论》、《西学通门径功用说》、《与外交报主人论教育书》、《论教育与国家的关系》等。在《原强》一书中，他从资本主义价值观念和优胜劣汰的国际竞争形势认识出发，对德、智、体“三育论”的教育目标进行了论证。他认为中国“积贫积弱”的根源在于“民力已茶、民智已卑，民德已薄”，中国欲改变这种状况，必须从提高国民这三方面素质着手，“是三者备，而后可以为真国民”。

以民主和科学为旗帜的新文化运动是中国现代教育的重要转折时期，在继洋务教育在技艺层面，维新教育在制度层面上接受西方教育之后，新文化运动在思想层面上开始自觉地接受了西方教育。新文化运动不仅批判和清算了封建专制教育及其复辟回潮，而且也促成了民族现代意识的觉醒和空前的思想解放。面对大量涌入的西方现代教育思想，涌现出平民教育思潮、工读主义教育思潮、职业教育思潮、科学教育思潮，国家主义教育思潮等，在教育思想上突出表现出教育个性化、平民化、实用化和科学化的特点。这期间，一些先进的知识分子接受了马克思主义，开始从无产阶级革命的立场和观点出发，以探索中国社会改造和进步为目的，思考教育问题并从事教育活动。陈独秀于1915年在上海创办《青年杂志》，揭开了新文化运动的序幕，提出“虽祖宗之所遗留，贤圣之所垂教，政府之所提倡，社会之所崇尚，皆一文不值也”，号召人们坚持科学的精神，成为自然界的统治者和主人。李大钊是中国共产主义运动的先驱，是中国共产党的创始人和领导者之一，也是中国马克思主义教育理论的奠基者之一。他关于教育本质问题、工农教育和青年教育的思想，对新民主主义教育思想的形成产生了实际影响。关于教育的本质，他认为作为“表面构造”的文化教育，不仅受制于经济基础，且也受政治制约。正因如此，李大钊得出教育的本质具有阶级性，他运用历史唯物主义观点分析社会和教育现象，指出孔子学说支配中国思想界两千多年，是因为“他是适应中国两千余年来未曾变动的农业经济组织反映出来的产物，因为他是中国大家族制度上的表层构造，因为经济上有他的基础”。关于工农大众教育，李大钊指出，真正的平民主义应是破除一切特权阶级，全体人民都成为为国家社会作有益工作的人，国家机器不是统治人民而是为了人民、属于人民并由人民执行的工具，劳工因此不仅获得政治上的选举权，经济上的分配权，教育上“也要求一个人人均等的机会”，这种权利只有通过阶级斗争获得政权后才能实现。恽代英是中国共产党早期出色的活动家和理论家，杰出的青年运动领导人，同时也是一位教育理论的探索者和教育改革的实践者。他首先肯定“教育确是改造社会的有力的工具”，但要使教育发挥作用，关键在于要以社会改造的目的来办教育，要以社会的需要来办教育。恽代英的思想是以社会改造为其教育改造的根本目的和依据，通过批判半殖民地半封建的旧教育，提出教育改造的新构想，这是在中国特定时代条件下对教育作用的认识，体现了恽代英的马克思主义党性意识和使命感。

第三节 中国高等教育资源配置改革的主要成绩

以1985年《中共中央关于教育体制改革的决定》和1993年《中国教育改革和发展纲要》的颁布实施为标志，我国高等教育资源配置改革在改革开放的大背景下开始不断推进，并呈以下基本特征：在配置改革的目标方面，从局部性质的改革向总体设计的改革转变，进入全面适应社会主义市场经济体制、民主政治体制和社会管理体制改革要求的新阶段，制度建设和创新成为深化教育体制改革的重点；在配置改革的功能方面，从适应供给约束型教育发展，以增加教育资源、扩充教育机会为主，进入需求导向的教育发展新阶段，更加注重满足教育公平、质量和多样化需求；在配置改革的动力方面，从各利益相关方普遍在改革中得到实惠的阶段，进入对既有利益格局进行调整的攻坚阶段，解决长期束缚教育事业科学发展的体制性障碍，转变政府职能，规范教育秩序，理顺政校关系，教育行政体制改革成为深化改革的关键；在配置改革的路径方面，从以自上而下路径为主的阶段，进入上下互动、社会参与改革的阶段，地方政府和学校教育制度创新的经验成为教育体制改革新的生长点。

可以这样说，我国高等教育资源配置改革历经几十余年，其成绩可圈可点。

一、初步形成了中央统一领导、地方统筹管理的教育行政体制

自1978年十一届三中全会以来，我国逐步进行了三次相应的教育管理体制改革，从政府集中管理逐步走向中央和地方权责统分结合的管理，改变了过于集权、统得过死的局面。目前，教育部和国家特殊部门保留直接管理的院校111所，约占全国普通高校总数的5.8%。

首先，1985年发布的《中共中央关于教育体制改革的决定》，标志着中国开始进行教育管理体制改革的探索。其主要内容是扩大地方政府管理教育的权限和学校办学自主权，地方政府不仅仅是中央政策、制度、计划的具体执行者，而且被赋予对学校的领导、管理和检查的权力。

其次，以1993年颁发《中国教育改革和发展纲要》为标志，初步建立起与社会主义市场经济体制、政治体制和科技体制改革相适应的教育新体制，逐步建立以政府办学为主体、社会各界共同办学的体制；逐步建立政府宏观管理、学校面向社会自主办学的高等教育管理体制；逐步从过去的直接行政管理过渡到以法规拨款手段为主的宏观调控，扩大了高校的自主权。

就教育管理而言，省（自治区、直辖市）有权决定地方高等学校招生规模和专业设置，并承担自行解决办学经费，以及统筹中央与地方所属高校毕业生就业去向的责任。

最后，以1999年颁布《中共中央国务院关于深化教育改革，全面推进素质教育的决定》为标志，办学权力开始下放，政府积极鼓励和支持社会力量以多种形式办学，形成以政府办学为主体、公办和民办学校共同发展的格局，形成中央和省级政府两级

管理、以省级政府管理为主的高等教育管理体制。还有，按照“共建、调整、合作、合并”的方式，基本完成高等教育管理体制和布局结构的调整，省级政府依法管理职业技术学院（或职业学校）和高等专科学校。

二、初步形成了以政府办学为主、社会各界共同参与的多元化办学格局

我国办学体制改革是社会转型时期，高等教育的体制、结构和类型逐渐消除原来计划框架的约束，按照市场经济条件重新构建的过程，是教育体制内外各种力量交互作用的动态过程。

办学体制改革的过程具体表现为1985年颁布的《中共中央关于教育体制改革的决定》。该决定明确提出：“当前高等教育体制改革的关键，就是改变政府对高等学校统得过多的管理体制，在国家统一的教育方针和计划指导下，扩大高等学校的办学自主权，加强高等学校同生产、科研和社会其他各方面的联系，使高等学校具有主动适应经济和社会发展需要的积极性和能力。”在以后的几年里，政府部门和高等学校对高等教育管理体制改革进行了不断的有益探索。1993年2月，《中国教育改革和发展纲要》明确提出，“进行高等教育体制改革，主要是解决政府与高等学校、中央与地方、国家教委与中央各业务部门之间的关系，逐步建立政府宏观管理、学校面向社会自主办学的体制”。这标志着教育体制改革开始朝着适应社会主义市场经济体制的方向发展。高等教育办学体制改革开始被明确提到深化高等教育体制改革的日程中来，并伴随着新时期我国高等教育管理体制改革同时进行。在现阶段，初步形成了“高等教育要逐步形成以中央、省（自治区、直辖市）两级政府办学为主、社会各界参与办学的新

格局”。

办学体制改革的特点具体表现为：一是从解决“投资体制”问题，逐步转为解决“办学体制”问题。1970年代，我国高等教育事业发展面临教育财政紧张的迫切问题，此时的教育改革呼唤实行多渠道、多种形式筹措教育经费，依靠社会力量办学，为此，政府发动民主党派、人民团体、社会组织、离退休干部和知识分子、集体经济单位和个人为发展教育事业贡献力量，但效果不佳，1990年代，国家提出“积极鼓励、大力支持、正确引导、加强管理”等“十六字方针”，要求逐步建立以政府办学为主体、社会各界共同办学的体制，办学体制改革的主题发生了改变；二是政府对办学体制改革始终处于主导地位。首先表现为政府为办学体制改革提供了政策支持，从1997年的《社会力量办学条例》到2004年的《民办教育促进法实施条例》，实施了大量的针对民办教育的政策文件；其次表现在为民办教育提供部分教育资源；三是东中西部地区办学体制改革呈现明显的地域差异。首先在办学体制改革的进程上，东部地区较中西部地区先行一步，在储备金办学、股份制办学、公办学校转制等新的办学形式的探索方面走在全国前列；其次在办学发展水平上，由于东部地区经济较发达，民众对优质高等教育资源的需求旺盛，所以东部地区较中西部地区的教育发展水平要好。

通过鼓励多种形式办学，改革由政府包揽办学的单一体制，初步形成了以政府办学为主、社会各界共同参与的多元化办学格局。目前，各种“社会力量”、境外组织及个人创办的各类民办教育机构、中外合作办学机构迅速发展，投资主体和办学模式多样化，多元化办学格局日益凸显。

截至2011年底，民办高校、民办独立学院在校生数占全国各级各类教育在校生的比例分别达到8.65%和9.75%，在一定程度上满足了国家人力资源开发和人民群众对多样化教育的需求。

三、初步形成了以财政拨款为主，多渠道并存的教育投入体制

1998年颁布的《高等教育法》改变了我国高等教育经费的来源结构，将高等教育多渠道筹措办学经费的新格局明确地纳入了法制轨道，促使以往一元的政府投资，向国家、社会、学校、学生家长或个人多元投资的方向转变，政府的投资也由规模为主的“平均主义”方式，向以结果为导向的绩效预算拨款方式转变。

按照我国现行的政府数据统计口径，教育经费包括财政性教育经费①和非财政性教育经费②。

在财政性教育经费投入方面，《中华人民共和国教育法》第五十四条规定：“国家财政性教育经费支出占国民生产总值的比例应当随着国民经济的发展和财政收入的增长逐步提高。全国各级财政支出总额中教育经费所占比例应当随着国民经济的发展逐步提高。”第五十五条规定：“各级人民政府的教育经费支出，按照事权和财权相统一的原则，在财政预算中单独列项，各级人民政府教育财政拨款的增长应当高于财政经常性收入的增长，并使按在校学生人数平均的教育费用逐步增长，保证教师工资和学生人均公用经费逐步增长。”“三个增长”、“两个比例”和“教育经

① 财政性教育经费主要包括国家财政预算内经费、各级政府征收用于教育的税费、企业办学经费、校办产业和社会服务用于教育的经费及其他属于国家财政性教育经费。

② 非财政性教育经费主要包括社会团体和公民个人的办学经费、社会捐集资办学经费、学生家庭和个人学杂费等。

费单独列项”的规定反映了国家对教育经费投入的重视，成为衡量中央和各级地方政府的教育财政支出的标准，对我国的财政性教育经费增长起到了积极作用。

高等教育投资体制改革中政府投资作用的变化不仅体现在各级政府的责任和权力的划分、投资的数量和结构等方面，而且也体现在对高等教育拨款方式的转变上。我国的教育财政拨款方式的改革分为三个阶段，第一阶段是1949年到1985年，主要以“基数加发展”方式分配经费，即以各校前一年度所得的事业经费份额为基数，考虑当年各项发展的需要和国家财力的可能，确定当年的事业经费分配数额；第二阶段从1985年至2002年，实行“综合定额加专项补助”的分配方式，即在根据各类学生的在校生数和各种不同定额标准，计算确定经费预算基本数基础上，补充学校因特殊要求所需的专项补助；第三个阶段从2002年开始至今，施行“基本支出预算加项目支出预算”模式。其基本要求是“部门的预算外收入全部纳入预算管理或财政专户管理，收支不挂钩，支出要透明”，强化国家对各行政部门的财务控制，从而达到在源头上、制度上预防和治理腐败的目的。

在国家财政体制改革以及高等教育体制改革总目标的推动和作用下，高等教育投资政策发生了深刻的变革，尤其在“综合定额加专项补助”阶段，各级财政部门积极支持高等教育的内涵式发展，开始调整财政投入结构，重点支持了高等学校的“985工程”、“211工程”及“高等学校本科教学质量与教学改革工程”，仅“高等学校本科教学质量与教学改革工程”，从2006年到2010年，中央财政就安排了25亿元专项资金。这被认为是对重点高校专项投入的标志性事件，更被认为是在高等教育界开启了政府目标管理方式的先河。中国的高水平大学和重点学科建设由此取得了重大进展，“十五”时期，我国高校获得的国家自然科学奖、技术发明奖和科技进步奖的获奖比例分别占总数的55%、64%和54%，高校成为了国家创新体系的重要组成部分、高层次人才培养的摇篮。

在非财政性教育投入方面，由于世界各国的制度环境和文化传统存在差异，决定了各国在高等教育融资的制度安排上也存在着差异。在收取学杂费方面，1993年的《中国教育改革和发展纲要》正式将“收取非义务教育阶段学生学杂费”纳入多渠道筹措教育经费的投资体制中；在多渠道筹措教育经费方面，《中华人民共和国教育法》第六十条规定：“国家鼓励境内、境外社会组织和个人捐资助学”，第六十一条规定：“国家财政性教育经费、社会组织和个人对教育的捐赠，必须用于教育，不得挪用、克扣”，第六十二条规定：“国家鼓励运用金融、信贷手段，支持教育事业的发展”；在民办高校的举办方面，2002年我国颁布了《民办教育促进法》，使民办教育获得了相应的法律地位，改变了其在高等教育发展中的政策、舆论和生存的环境。

通过落实政府责任和扩大社会投入，改革教育投入渠道相对单一的体制，初步形成了以财政拨款为主，多渠道筹措教育经费的多元化教育投入体制。逐步建立了以国家财政拨款为主，辅之以征收用于教育的税、费，收取非义务教育阶段学生学杂费、校办产业收入、社会捐资机制和建立教育基金等多渠道筹措教育经费体制。

2011年底，国家财政性教育经费占国内生产总值的比例是3.01%，其中普通高等学校财政性教育经费占其42.86%，非义务教育阶段社会投入所占的比例大幅度增加，学校自筹、成本分担以及其他非政府渠道收入，有力地支撑了教育事业的快速发展。[①]

四、初步形成了全方位、多层次、宽领域的教育对外开放格局

1993年，《中国教育改革与发展纲要》首次提出“在国家有关法律法规的范围内进行国际合作办学”。国家教委于1995年颁布《中外合作办学暂行规定》，提出“中外合作办学是中国教育对外交流与合作的重要形式，是对中国教育事业的补充”。2001年我国加入WTO后，我国不同层次、不同形式、不同模式的中外合作办学快速发展。2003年，国务院颁布《中华人民共和国中外合作办学条例》，2004年，教育部颁布《〈中华人民共和国中外合作办学条例〉实施办法》，明确中外合作办学的性质是“公益性事业，是中国教育事业的组成部分”。

截至目前，我国已与188个国家和地区以及联合国教科文组织等国际组织建立了教育合作交流关系，与33个国家（地区）签订了学历学位互认协议，全国共有中外合作办学机构和项目1125个，覆盖了28个省、自治区、直辖市。通过与国外知名院校、研究机构和跨国公司开展“强强合作”，一部分中国高等学校的办学类型也随之向适应市场经济体制的方向转换，并建立新的富有发展活力的学校类型结构。

在办学类型结构上，除了中央政府办学、地方政府办学类型外，社会各界参与办学的类型日益增多，民办公助及公办民营高

① 岳武．我国现阶段高等教育财政政策分析［J］．现代教育科学，2010（5）：15—16．

等学校也是构成我国高等教育体系的一个重要组成部分；在管理类型结构上，普通高等学校主要是政府办学、以中央管理为主和以地方（省、自治区、直辖市）管理为主，成人高等学校则是地方办学、地方管理占主导地位，民办高等学校和公办民营高等学校在接受学校董事会或管理委员会管理的同时，应接受国家的宏观指导；在学校层次类型结构上，在现阶段，我国应逐步形成研究型大学、教学科研型暨本科生教学为主型大学、专科生培养为主型大学的层次类型结构，应减少单科性院校的设置，通过调整重组等途径积极发展综合性或多科性大学；在办学形式类型结构上，坚持普通高等学校与远程高等教育、函授学院、夜大学、职工大学、农民大学、教育学院、管理干部学院及高等教育自学考试等并举的原则；在学制类型上，坚持学年制与学分制共同发展的原则。以此适应人民群众日益增长的对高等教育的需求，推进我国高等教育大众化的发展。

总之，在市场经济条件下，我国高等学校的类型结构要向多样化、多层次、多面向、灵活性、交叉性的方向发展，要摒弃过去计划体制下造成的学校类型单调、专业设置重复过多和行业性过重的弊端。

五、初步形成了具有中国特色的高等教育法律法规体系

1980 年制定的《中华人民共和国学位条例》，揭开了我国教育立法的序幕，全国人大及其常委会先后制定、颁布及修改了《高等教育法》、《民办促进法》等七部法律，国务院又先后制定了 17 部教育行政法规和规章、教育督导和评估等基本法律制度，保障和促进了我国教育事业的改革和发展。

按照高等教育主要法律法规的制定过程，改革开放以来，我

国高等教育法制建设可以划分为以下几个阶段：

一是高等教育法律制度的探索阶段（1978—1979）。这一时期是我国高等教育的立法工作的酝酿和探索时期。党的十一届三中全会以后，我国的工作重心转移到了社会主义现代化建设上来，邓小平同志在《高级干部要带头发扬党的优良传统》中明确提出："关于学习和科学研究单位培养、选拔人才的问题，要建立学位制度，也要搞学术和技术职称。"这为学位制度的建立提供了良好的机遇。1979 年 3 月 22 日，根据中央关于建立学位制度的指示，教育部、国务院科技干部管理局联合组成蒋南翔为首的"学位小组"，拟定出了《学位条例（草案）》。

二是高等教育法律制度的初创阶段（1980—1993）。1980 年 2 月 12 日，第五届全国人民代表大会常务委员会第十三次会议审议通过了《学位条例》，正式建立了我国的学位制度，揭开了我国教育立法的序幕。并相继出台了《普通高等学校设置暂行条例》、《高等教育自学考试暂行条例》和《普通高等学校学生管理规定》。针对这一时期的教育立法现状，中共中央、国务院在 1993 年 2 月 13 日印发了《中国教育改革和发展纲要》，其中明确指出，"加快教育法制建设，建立和完善执法监督系统，逐步走上依法治教的轨道"。"通过立法，明确高等学校的权利和义务，使高等学校真正成为面向社会自主办学的法人实体"，为加快我国高等教育立法的发展提出了明确的要求。

三是高等教育法律制度的快速发展阶段（1993—2004）。以《中华人民共和国教师法》、《中华人民共和国教育法》、《中华人民共和国职业教育法》、《高等教育法》、《民办教育促进法》等法律和《社会力量办学条例》、《中华人民共和国民办教育促进法实施条例》、《中华人民共和国中外合作办学条例》、《普通高等学校学生管理规定》等行政法规和规章的颁布和实施为标志，我国高等教育法律制度进入了快速发展阶段。

四是高等教育法律制度的完善阶段（2004年至今）。以教育部2004年2月10日颁布并经国务院办公厅转发的《2003－2007教育振兴行动计划》为标志，我国高等教育法制建设进入了完善阶段。《行动计划》明确提出："加强和改善教育立法工作，完善中国特色教育法律法规体系。"《行动计划》为我国高等教育立法的完善指明了方向，推动我国高等教育法律制度建设进入了一个新的阶段。①

高等教育法制建设的发展所带来的最大变化是我国高等教育的稳定发展和各主体权利的重视和保障，可以概括为以下五个方面：

首先，形成了保障高等教育健康发展的制度体系。主要包括《学位条例》、《教师法》、《教育法》、《职业教育法》、《高等教育法》、《民办教育促进法》、《社会力量办学条例》、《民办教育促进法实施条例》、《中外合作办学条例》、《普通高等学校学生管理规定》等规范高等教育的法律、法规和规章，为我国高等教育依法行政奠定了制度基础，也为高等教育进一步转型和改革发展奠定了法制基础。

其次，明确了高等教育投入的法定渠道。改革开放之初，高等教育的投入只有单一的政府渠道。1997年国务院颁布的《社会力量办学条例》促进了我国民办高等教育的发展。1998年颁布的《高等教育法》逐步建立起高等教育成本分担机制。2003年施行

① 秦惠民. 我国高等教育法制建设30年——影响、经验与发展方向[J]. 中国高教研究，2008（10）：15－16.

的《民办教育促进法》使民办高等教育的发展有了进一步的法律保障，此后高等教育进入了快速发展时期。

再次，促进了高等教育管理体制的改革与完善。1985 年 5 月颁布的《中共中央关于教育体制改革的决定》，1993 年 2 月印发的《中国教育改革和发展纲要》和 1995 年 7 月印发的《关于深化高等教育体制改革的若干意见》，提出要建立有利于高等教育事业发展和改革的新的高等教育管理体制。经过一系列改革，我国基本形成了中央与省（自治区、直辖市）两级管理，以地方统筹为主，实行政府宏观管理、学校面向社会自主办学的新型高等教育管理体制，形成了高等教育管理体制的法律制度，改变了原有的中央部门办高等教育及条块分割的体制。

最后，高等学校的法律地位得以确立。《高等教育法》中明确高等学校具有独立法人地位，并规定高等学校在招生、专业设置、教育教学、科学研究、内部机构设置和教师聘任、财产管理和使用等七个方面享有自主权。这些规定明确了政府与高等学校之间的基本法律关系，随着法制进程的深入，这种关系正逐步趋向清晰和明确。高等学校办学自主权已经成为具有法律意义并受到法律保护的法人权利。①

六、初步形成了面向市场自主择业的就业体系

自 1977 年恢复高考以来，我国高校毕业生就业制度的变革大体可以划分为四个阶段：

一是“统包统分”到“双向选择”的过渡阶段（1977—

① 秦惠民．我国高等教育法制建设 30 年——影响、经验与发展方向[J]．中国高教研究，2008（10）：15—16．

1984)。1981年国务院批转国家计委、教育部和国家人事局《关于改进1981年普通高等学校毕业生分配工作的报告》，确定在国家统一计划下，实行“抽成调剂，分级安排”；1983年国务院批转了国家计委、教育部、劳动人事部《关于1983年全国毕业研究生和高等学校毕业生分配问题报告》，决定实行学校和用人单位的“供需见面”的办法。

二是从计划分配到社会选择就业制度的探索阶段（1985—1992)。1985年《中共中央关于教育体制改革的决定》的发布标志着中国教育体制改革正式启动，也标志着我国从计划导向到市场导向。高校毕业生就业制度改革正式拉开帷幕，实行在国家计划指导下，由本人选报志原，学校推荐，用人单位“择优录用”。1989年，国务院批转了国家教委、国家计委和财政部提出的《高等学校毕业生分配制度改革方案》，提出逐步实行毕业生自主择业，用人单位择优录用的双向选择制度。

三是“双向选择、自主择业”制度的逐步确立阶段（1993—2000)。1993年《中国教育改革和发展纲要》指出，实行少数毕业生由国家安排就业，多数学生自主择业，国家教委《关于1995年深入进行普通高等学校招生和毕业生就业制度改革的意见》规定，原则上在本系统、本行业范围内自主择业，在条件成熟后逐步过渡到大多数毕业生自主择业。1997年《普通高校学校毕业生就业工作暂行规定》提出，供需见面和双向选择活动是落实毕业生就业计划的重要方式。

四是“双向选择、自主择业”制度的完善阶段（2001年至今)。2002年，国务院办公厅转发《关于进一步深化普通高等学校毕业生就业制度改革有关问题的意见》，明确提出了市场导向就业的方针，指出引导高校毕业生到基层、到中小企业就业是解决高校毕业生就业问题的主要途径。2005 年，国务院办公厅发出《关于引导和鼓励高校毕业生面向基层就业的意见》，提出鼓励高校毕业生到基层和艰苦地区工作，鼓励高校毕业生自主创业和灵活就业。

高校毕业生是国家的宝贵财富。做好毕业生就业工作，不仅关系到毕业生个人的生存和发展，也关系到国家的社会经济发展和稳定。经过长期的探索和努力，我国高校毕业生就业制度已经顺利完成了从计划导向的“统包统分”体制向“市场导向、政府调控、学校推荐、学生和用人单位双向选择”体制的转变。

第三章

中国高等教育资源配置改革的主要问题及原因

第一节　中国高等教育资源配置改革存在的主要问题

一、高等教育资源配置的主体关系未理顺

高等教育资源配置的主体主要包括政府、用人单位、高等学校和学生，他们在不同的经济体制下的作用关系是不同的。从目前各主体间的关系来看，尚未完全适应社会主义市场经济体制的要求，主要表现在以下三个方面：一是政府对学校管得过多过细，监督、监管制度不完善；二是学校，尤其是高等学校内部管理存在行政化倾向，自律和社会监督制度不健全；三是学校与行业、企业和社会缺乏合作互动的制度安排。

政府、用人单位、高等学校和学生作为行为主体，在社会经济活动中是平等的关系。由于受我国的宏观经济体制因素和高等教育资源准公共产品属性的影响，政府通常采用思想教育、行政

强制、经济调控和法律规范四种途径进行高等教育资源配置。在计划经济体制下，政府通常倾向于直接的行政管理，在市场经济体制下，政府通常倾向于间接的市场调控，这种间接调控主要体现在市场规则的制度建设。

在计划经济条件下，社会各用人单位在具体人员的选用方面没有自主权，他们只是按照上级行政主管部门要求，适时上报人员补编计划，并等待上级单位分配人员到单位工作，而不是由单位根据自身需要在市场上选才用人。在市场经济条件下，用人单位应落实自主权，真正拥有挑选毕业生和决定接收与否的权力。目前，我国的事业单位尚未脱离国家行政体制，人事制度不可避免地继续沿用计划经济体制下的做法，这就造成了市场经济条件下的理想用人模式和现实用人环境的差异。这也是我国目前深入推进政治体制改革的主要原因之一。

高等学校在计划经济条件下的行为，是根据政府的指令按计划培养学生，然后再根据政府的计划将毕业生分配到用人单位。在市场经济条件下，高等学校是自主办学的法人实体，要在政府法令规定的范围内，结合政府的指导并根据就业市场上毕业生供求的信息，对其专业设置和招生计划进行适时的调整，以适应市场经济的需求。

学生的个人行为取决于不同社会经济环境及其价值观念取向的变化。在计划经济体制下，当时的经济环境尤其是政治环境几乎杜绝了学生表现自我意识的可能性，思想宣传和政治动员对学生产生的政治压力和社会规范压力足以使其放弃个人的价值目的。结果是过分强调了政府的意志，忽略了学生自我发展的需要。在市场经济条件下，学生个人意愿得到了充分重视，学生有了自主择业的权利，但学生个人行为上也出现了两个层面上个人偏好，一是报考志愿时过于趋于“热门”专业；二是就业选择过于倾向于大城市、高收入和贪图安逸，缺乏应有的社会责任感。

二、高等教育资源配置的规模效益待提高

在国家宏观调控政策的允许下，适应社会、个人对于高等教育的需求，我国高等教育实施了规模扩张，形成了世界最大规模的高等教育体系。

人口众多是中国最重要的基本国情。2006 年，中国（未含港澳台地区）人口为 13.21 亿人，占全世界人口总数的 20.08%。将人力资源不断转化为人力资本是我国社会经济可持续发展的必要保障。世纪之交，我国高等教育经过连年扩招，进入了一个空前发展的阶段。2008 年，中国高等学校在校生为 2336 万人（如按宽口径计算超过 2500 万人），占世界相应高等教育注册学生总数的比例为 16.25%。① 中国每万人口的高等学校平均在校生数达到 204.2 人，比 1949 年增长了 91 倍。中国高等教育成功地进行了“历史性的跨越”②，形成了世界最大规模的高等教育体系，人力资本总量与美国相当。

从教育经济学的角度，高等教育回报率是衡量我国高等教育发展效益的重要指标之一。1990 年代以后，我国高等教育效益经历了一个显著的提高过程，明瑟收益率从 7.23%提高到目前的 13.21%的水平，这说明我国高等教育资源配置效益通过规模扩张得到很大提升。但从世界经济论坛公布的《2006—2007 全球竞

---

① UNESCO. *EFA Global Monitoring Report 2009: OverComing Inequality: Why Governance Matter* [M]. Oxford University, 2008.

② 周济. 历史性的跨越——世纪之交中国高等教育的改革与发展 [N]. 中国教育报，2002—7—11 (10).

争力报告——创建很好的企业环境》显示，我国经济竞争力的排名高于教育竞争力，而教育质量的排名又低于入学率的排名。在125个研究对象中，中国的经济排名34位，大学入学率排名第77位，教育系统的质量排名第87位。这种排名当然只具有参考价值，但从经济、教育入学率、教育质量在国际上的相对位置，提醒我们：高等教育效益是我国国际竞争力中的弱项，应当引起高度关注。

从教育管理的角度，高等教育的完成率、高等教育分学科领域研发支出、高等教育生均支出、教育机构支出占GDP的比重、高等教育公共补贴、高等教育研发、校均规模、生师比和职师比都是衡量高等教育系统内部效率的有效指标。通过当前社会经济发展对高等教育的批评，如教育资源严重短缺，远远落后于高校规模的增长，再加上生源质量下降、教学基础设施缺乏，高等教育质量将难以保证，最关键的是合格师资的数量和结构难以满足扩招后的需求。可以看出高等教育资源配置的效益还存在一定的问题。有研究者认为，在社会主义市场经济体制改革过程中，由于缺乏有效的竞争机制和流动渠道，受过较高教育的劳动力，因市场体系不完善，其劳动价值也不能充分通过劳动收入体现，人力资本理论关于教育提高劳动生产率进而提高劳动者收入的理论未得到充分体现。

三、高等教育资源配置的结构布局不均衡

我国幅员辽阔，各地区经济、科技、文化、教育基础差异较大，高等教育资源的布局不仅仅是一个政策上的空间安排，还涉及社会、经济发展水平的均衡发展程度和文化的同质性程度，及教育思想和教育观念。具体主要指高等学校和在校生数量的布

局，也就是不同的学校和学生数量在空间位置上分布及其相互关系。这种布局应与地区经济的发展及布局，与地区科技、文化和教育的发展现状及发展趋势相适应。

由于我国现代意义的高等教育起步晚、基础薄，再加上新中国成立前战乱不断，新中国成立后运动不止，因此，我国的高等教育资源配置体系，特别是在结构布局方面尤其显得单薄。在计划经济体制下，我国高等教育资源配置长期实行条块分割式的宏观管理模式，内部管理上采取“高校办社会”的模式。由此导致高等院校和专业的低水平重复设置、专业过窄、规模过小、产学研脱节、政府统包过多等弊端。1993 年，国家按照“共建、调整、合作、合并”的方针，对高等教育资源进行了重大体制改革和高校布局调整，31 个省、自治区、直辖市和中央 50 个部门所属高校参与了改革，除少数关系国家发展全局的高校以及行业的特殊性强的高校继续由国务院委托教育部和其他少数部门管理外，多数高校的管理权下放到地方自主管理或以地方管理为主。

目前，发达地区的高校在校生的数量在整个高校在校生总数中占有相当大的比例且有增加趋势。以 2010 年的统计为例，沿海经济发达省份的在校生数量，占到当年中国高等学校在校生总数的 60%，中部地区高等学校的在校生总数是 30%左右。我们依据上述情况可以认为，在高等教育大众化进程中，调动了中央、地方及社会各方面参与办学的积极性，密切了高校与区域经济社会发展的联系，使教育质量和办学效益有了明显提高，高等教育走上了规模、结构、质量和效益协调发展的轨道，但高等教育布局结构的不均衡特点却日趋明显。

四、高等教育资源配置的公平效率现冲突

自1990年代以来，中国高等教育的体制结构开始从政府办学的一元体制结构阶段向混合型多元办学体制结构阶段转变，从福利型教育体制结构阶段向混合型多元教育体制结构阶段的转变，形成了教育投资主体多元化、教育机构多元化、教育需求多元化和多种因素混合作用的格局，政府机制、市场机制和公民社会选择机制开始在学校资源配置中发挥作用。在复杂的社会结构面前，中国的教育公平效率问题与整个经济社会的转型和教育发展转型交织在一起，继而显露出前所未有的新的矛盾。

“文化大革命”后，社会各项事业百废待兴，中央适时作出决策。在《中共中央关于教育体制改革的决定》中指出，“教育必须为社会主义建设服务，社会主义建设必须依靠教育”，明确规定教育的根本目的是培养社会主义建设所需的各级各类人才。邓小平同志果断提出“要办重点小学、重点中学、重点大学。要经过严格考试，把最优秀的人集中在重点中学和大学”。[①] 邓小平同志强调：“办教育要两条走路，既要注意普及，又要注意提高，兼顾效率和公平。”在“科教兴国”战略思想指导下，重点大学如雨后春笋般破土而出，加上各项政府政策和财政上的支持，我国的高等教育面貌发生了显著变化，教育教学在规范化道路上不断向前推进，为社会培养了大量急需人才。

在“效率优先，兼顾公平”经济思想影响下，高等教育领域中的教育公平和效率之间的矛盾日益尖锐起来。首先，国家对重点高校的扶持和倾斜政策直接导致了的重点高校和非重点高校之

---

① 邓小平文选（第2卷）[M]. 北京：人民出版社，1993. 40.

间的不均衡；其次，东西部地区的经济差距拉大了省属高校在不同地区发展上的差距；最后，师资和生源上的分流也对教育的不均衡发展产生了推波助澜的消极影响。随着公平与效率之间矛盾的影响日趋明显，政府和市场特别是政府因为是资源配置主体而广受批评，一是表现在国家对部分重点高等学校的经费和政策支持上，主要反映在对政府高等教育投入不公平方面，即包括资金总量不足方面，也包括投入结构不合理方面，如国家对部分重点高等学校的资源配置方式上，国家通过“211”、“985”等项目工程的评比和引导，使一些学校获得了更多资源和政策支持，普遍认为这样的做法是不公平的，另外还包括认为政府在调整和控制市场对高等教育的影响方面的作为不够；二是表现在由于区域经济社会的不平衡发展而带来的接受教育的机会不均等问题上，政府应采取有力措施帮助处境不利群体的子女完成学业，主要反映在高等教育成本分担方面。人们比较了近年来的大学学费、高等教育规模发展变化情况和老百姓的人均年收入之间的关系，对个人或家庭承担的学费比例提出了质疑，尤其是为贫困家庭子女上不起学而鸣不平。还反映在招生制度方面，认为制订招生计划造成了各地录取分数存在巨大差别，直接造成区域间考生入学机会的不平等；三是表现在淡化了高等教育的公共事业属性，纵容了高等教育产业化的发展，高等教育产业化破坏了教育的公益性，影响了整个社会发展的均衡，加剧了高等教育发展不公平的矛盾。另外，政府忽视了高等教育市场的环境培养和制度建设，为教育资源配置中设租、寻租提供了可乘之机，使教育不公平现象成为社会焦点问题；四是表现在对民办教育的政策和支持上。这种批评一方面指的是国家对民办院校的很多限制和准入机制使得民办教育难以壮大，另一方面也表现在通过某些比较具体的政策，批评民办高等学校系统本身中的各种不公平现象，如独立学院的政策。[①]

综上所述，各种宏观和微观原因造成了学校教育发展的严重分化和不均衡，高等教育资源配置中的公平和效率出现了矛盾和冲突。

五、高等教育资源配置的投入量仍显不足

我国是发展中国家，人均资源占有量少，各地区的财力状况、人文环境、社会发展水平存在着巨大区域性差异，这是我国最大的国情。这一事实决定了我国高等教育资源在优化配置过程中存在如下普遍性问题，我国不可能实行免费高等教育，也不可能按照完全按照高校的需求来分配资源。具体表现为生均平均经费难以提高，师生比例不断下滑，大规模的高等教育和低水平的教育投入普遍带来教学科研设施不齐全、设备低劣、公共经费紧张、图书资料陈旧等问题。“穷国办大教育”的国情使我国的高等教育资源十分短缺，同时也为区域间、结构上配置的不平衡埋下了隐患。

在以政府投入为主、多渠道筹措经费的体制下，我国高等学校的资金和物质环境不断得到改善。一是随着“科教兴国”战略的逐步实施，中央政府加大了对教育领域的投入。例如，从1998至2008年连续10年，中央本级财政支出中的教育经费支出比例每年提高一个百分点；据统计，2000年与1998年相比，全国高校图书总量增长15％、教学仪器设备总值增长48.8％、校舍建筑

① 谢维和，李乐夫等．中国的教育公平与教育发展（1990—2005）［M］．北京：教育科学出版社，2005．59．

面积增长 35.1%、教学及辅助用房增长 34.4%、实验室面积增长 20%。二是随着高等教育两级管理制度的基本形成，1000 多所普通高等学校由省级政府进行管理，承担了扩招的大部分生源，这几年省级政府对所属高校及共建高校的投入均增长迅速。三是随着高等教育成本分担机制的逐步形成、民办教育的发展、高校后勤社会化的全面推进、银行贷款的介入等，社会资金投入高等教育领域的途径不断增多、数量不断加大。目前是新中国成立以来高等学校基本建设投入增长最快的时期，越来越多的高校建设呈现了新的面貌，一批高校的校园设施和办学条件发生了根本性的变化

但教育投入严重不足的问题仍积重难返，制约和困扰着我国教育事业的发展。据有关资料显示，2010 年，世界投资教育的经费平均占 GDP 的 5.2%，我国仅占 2.68%。1997 年，国家教育投入下降为 GDP 的 2.49%（约为 2532 亿元），其中预算内用于高等教育的经费仅为 284.5 亿元。同时我国社会对教育的投入也较少，1995 年才到达 1.08%。众高校面对近几年的持续扩招，办学经费显得捉襟见肘，学生宿舍、教室、体育场地、图书馆、实验室等基础设施远远不能满足需要。

第二节　中国高等教育资源配置改革存在问题的原因

当今高等教育资源配置改革存在着诸多复杂的问题，造成这些问题的原因也是多方面的，主要有官本位的行政化管理体制、不合理的教育资源配置方式和相对滞后的教育理念。

一、官本位的行政化体制是导致我国高等教育资源配置问题的体制原因

市场经济是市场在资源配置中起基础性作用的经济体制，它有利于根据市场的需求及时地调控资源，从而实现资源利用效率的最大化，因而走市场经济的发展道路是现代国家提高有限资源利用率的有效选择。改革开放以来随着我国的市场经济体制逐步的完善，我国高度集权的计划经济管理模式逐渐被削弱，但由于受长期计划经济时代高度集权思想的影响，政府行政权力过多现象并没有完全的消除，在很多领域仍占主导地位，这对国家发展具有决定性作用的高等教育来说更不例外。

我国高等教育长期施行集权式管理体制，政府在高等教育的发展和大学的改革中起着决定作用，政府成为主宰大学和控制大学的唯一权力中心，① 政府集中管理教育领域的一切资源，高校基本上没有自主的办学权，社会力量也无法挤入高等教育的领域。这一方面造成政府的财政投入不足，另一方面造成社会丰裕的投资却是有劲无处使的局面，这种隔离式的管理体制让高校资源短缺的局面长期得不到改善。

这种行政本位型的资源配置方式虽然有利于政府责任的落实，但其弊端也十分显著，容易导致资源配置过程中行政权力膨胀，教育资源配置缺乏公开透明，得不到有效监督和制约，教育决策和政策制定的科学性和民主性欠缺，轻则影响公平、抑制社会参与教育改革发展的积极性，重则滋生权力寻租和腐败现象。②

① 叶茂林．中国高等教育改革热点问题评述［M］．北京：科学出版社，2007．7．

② 钟秉林．教育资源怎样配置［N］．光明日报，2011—12—05．

这种官本位、行政权力膨胀化的现象同时也是学校的内部管理机制上存在问题的重要原因。这种行政权力的膨胀化导致校长负责制在运行中问题层出不穷；学术权力和行政权力关系模糊。虽然目前很多大学都建立了学术委员会、教学工作指导委员会、教职工代表大会等组织。但是并没有发挥真正的作用，大部分的学术事务都是由行政权力决定的，甚至有的学校奉行“校长英雄观”，校长决定一切权力的分配和教育资源的配置。从而出现教育资源分配不合理的现象、权力寻租或腐败。因此，行政权力的膨胀化是导致我国高等教育资源配置改革出现问题的体制性原因。

二、教育发展方式的粗放是造成我国高等教育资源配置问题的现实原因

教育发展方式，可以理解为实现教育发展目标的方法和途径。教育发展方式不仅仅是方法和技术层面的问题，还涉及教育属性、教育发展的主体客体、教育过程要素组合、教育发展目标设定、教育发展评价等诸多方面。从根本上讲，教育发展方式的选择，体现了对教育根本属性及功能的认识，体现了特定的教育价值取向。[①]

马克思曾说，“经济基础决定上层建筑，上层建筑对经济基础具有反作用，上层建筑要随着经济基础的变化而变化”，经济发展方式的改变也要求我国的教育发展方式进行相应的调整，以确保教育对于经济的促进、引导作用。目前，我国正处于经济转型和产业结构调整时期，粗放型的经济发展方式逐渐退出社会发展的舞台，新的产业结构升级换代，也要求教育培养新型、复合

① 钟秉林. 教育资源怎样配置［N］. 光明日报，2011－12－05.

型的科技人才。

然而当代的知识经济和全球化的浪潮，并没有完全冲击到我国传统教育方式，仍没有改变我国受苏联专业化教育的影响，这种专业化的教育方式也是我国高等教育资源配置改革存在问题的重要原因。

（一）过分强调学校的规模、仪器的先进等硬件条件，忽视了对于教师资源、学风建设等软资源的投入

随着我国的高等教育由精英教育向大众教育转化，国家为了使更多的人可以接受高等教育，逐步扩大高校的招生规模，不断增加对高校的投资，让其有足够的规模来吸纳更多的受教育者。为了更好地适应高等教育大众化的趋势，虽然国家对于高校的拨款标准有多个，但最主要是依据高校的办学规模和在教职工人数，因此，一些高校为了获得更多的教育资源，不断地扩大学校的规模、开设更多的专业，购买更多的先进设备等。这样虽然有利于大众化的高等教育，但是在扩大规模的同时造成了一部分教育资源的浪费，降低了教育资源的使用效率。

与此相反，在教育资源的分配使用上却存在严重的教育资源不公平现象。由于教育评价方式的弊端使得高校很少重视对于师资力量的投入，教师培训的机会较少、教师的积极性不高等问题严重地影响了高校的教学质量。

（二）急功近利性的教育投入方式导致教育公平问题更加突出

追求利益的最大化是一切资源投入者的最终目标，这种利益可以是社会效益，也可以是经济利益，然而在当今的市场经济体制内人们对于经济利益的追求远远大过于社会利益，对于高校资源也不例外。由于历史和现实的种种原因，中西部的经济发展远

远低于东部地区，教育资源的投入带来的经济效益也是比较低的，因此造成教育资源分布上也是东部地区明显地优于中西部地区。这进一步拉大了东西部之间教育资源的分布不平衡，区域间教育公平问题更加的突出。

自然科学和社会科学相比较而言，由于社会重理轻文的思想存在，再加上自然科学相比于社会科学带来的利益更直接，所以自然科学更受投资者的青睐，就拿科研经费来说，自然科学比社会科学所获得的经费要多得多。1991—1996 年，全国 1075 所大学的 165405 名从事研究与发展的人员共获得科研经费 223.9495 亿元（科研经费均按当年价格计算，以下同），其中 136919 名从事自然科学的人员获得科研经费 216.6965 亿元，人均 15.8266 万元，年人均 2.6378 万元。28486 名从事社会科学的人员获得科研经费 7.2530 亿元，人均 2.5462 万元，年人均 0.4244 万元。对比以上数据可知，平均每一名自然科学全时人员获得的科研经费是社会科学全时人员的 6.2158 倍。[①] 这种急功近利的教育投入理念加大了学科之间的教育公平问题。

目前，从全国的就业市场到广大的大学生及其家长，都存在着一种“名校情结”，重点院校招生形势一片大好，人才招聘单位更是十分看重毕业生的“出身”。在这股潮流推动下，重点高校的地位愈加水涨船高。然而，究其根本，这些“名校”之所以成为“名校”，却并非完全依靠自身努力而获取地位，其中有相

---

① 李怀燕．高等教育的均衡与发展［EB/OL］．http：//www．zh09．com/lunwen/education/higher/200911/360151 _ 4．html ［EB/OL］，2008．04．03

当大的部分应是政府集中资金和人力扶持的结果。[①] 这样就会进一步加剧这些高校的名气，更有理由获取更多的教育资源，使得一些普通高校没有充足的资源来提高教育质量等。高校之间的教育不公平现象也更加的突出。

三、高等教育理念的滞后是引发我国高等教育资源配置问题的思想原因

著名教育家刘道玉曾经说："教育理念是回答大学是什么、干什么的问题。"[②] 政府和高校自身只有明白了大学的功能和意义，才能真正地给大学定位，才能促进我国高等教育的健康发展。

我国高等教育受长期计划经济体制思想的影响颇深，主要特点是上级对下级"统、包、管"，下级对上级"等、要、靠"，这种封闭性、统一性、集权性的管理体制特点明显。高等教育主要是适应计划经济体制的需要，为政府培养合格的政治者和管理者，这种教育理念与当代的开放性经济和社会发展格格不入。

（一）"塑造型"的人才培养理念，严重地制约了学生的创新能力

刘道玉在谈教育理念时指出，关于教育理念，中国和西方在人才培养上有一个根本的区别，西方是讲成长，是以罗素的质量主义为基础，是受教育者按照效仿自然的法则，按照个人兴趣、志愿、选择自然地生长，不受外界的干预。而中国教育理念的源

---

① 李怀燕. 高等教育的均衡与发展［EB/OL］. http://www.zh09.com/lunwen/education/higher/200911/360151_4.html［EB/OL］, 2008.04.03

② 刘道玉. 中国的教育需要改革［N］. 中国青年报，2008—10—19（7）.

头是塑造，就是把受教育者当作一个原材料，把它放在一个标准的模具当中、放到生产流水线上，而生产出来规格毫厘不差的统一产品——这就是中国高等教育的特色，我们在人才培养理念的源头上存在问题。其结果就导致我们的学校没有特色，学生没有个性、没有创造性。[①] 在这样的教育理念下，我国的大学在资源配置时把大部分的资源配置到基础的教学等硬件设施上，忽视了对创新能力的培养、优秀教师塑造方面的配置。这使一些有科研水平和科研能力的人才根本就没有发展的空间和余地。从而使国家在掌握高新科技方面人才缺失或者人才流失，不利于国家和社会的发展。

（二）过分追求“精英化”的人才观，致使人才供求结构矛盾突出

随着我国高等教育大众化的发展，高等教育培养的人才数量呈增加趋势，尤其是对于操作型的技术人才，这对提高我国劳动力的整体素质有非常重要的意义。但是相比于精英阶段培养的“贵族”人才来说，大众化阶段的精英人才有点“平民”化了。美国学者马丁·特罗曾指出：“大众化阶段高等教育培养的精英是更广泛的精英，包括社会中所有技术和经济组织的领导阶层，重点是从塑造个性转向培养更为专门的技术精英。”[②] 因此，在这个阶段，很多的高校不清楚自己的办学宗旨，盲目地跟从一些重点高校开设专业，学习办学模式等，由于自身的生源条件限制，培养的人才并不尽如人意，加剧了我国劳动力市场的供给矛盾的突出和高校资源的浪费。

---

① 刘道玉．中国的教育需要改革［N］．中国青年报，2008—10—19（8）．

② 杨德广．现代教育理念专论［M］．北京：人民教育出版社，2004．27．

第四章

主要发达国家及俄罗斯高等教育资源配置的主要经验和启示

2001年12月11日，我国正式成为世界贸易组织（WTO）成员。目前，我国的人口平均受教育程度较低，公民科学文化素养不高，劳动者个人就业、创业能力远不能适应市场变化的需要。在我国加入WTO以后，高等教育与社会经济发展之间不相适应的矛盾更加突出。我们必须着眼于国内人力资源的可持续开发，还要更深入地了解国外的高等教育资源配置经验，学习其有益的教育理念、模式、内容和方法，以促进我国高等教育体系体制的创新。

第一节 主要发达国家及俄罗斯高等教育资源配置的主要经验

从世界范围看，改革是各国高等教育发展中的普遍主题。世界主要发达国家都把高等教育的治理改革作为政府施政的重点，特别是美国、德国、日本和俄罗斯等发达国家都采取了一系列改革措施。如美国的管理特征和制度设计、日本的国立大学法人化改革、德国的高等教育协同治理模式等，这里特别将俄罗斯的高等教育改革作为我们的考察对象，是因为他们和我们处于相同的社会经济发展转型时期，而且我们在计划经济体制下的高等教育体制是对原苏联模式的复制，这对我们来说会具有更大的借鉴意义。

一、美国高等教育资源配置的主要经验

美国自建国以来，就从国家制度层面上明确了州政府和市政府承担举办高等学校的职责。美国在1950年代高等教育开始进入大众化阶段，拥有了较为完善的高等教育体系，现在已经成为世界公认的高等教育强国。美国高校分为三年制社区学院、传统的四年制学院、综合型大学和研究型大学。联邦政府主要是通过拨款和科研经费来调控高等教育的发展。州的议会对学校拨款有着重要作用。

一是地方分权。美国宪法规定，高等教育的设置权属于各州，各州根据宪法组织办学并进行管理。因此，美国没有全国统一的发展规划和发展模式，但联邦政府以立法和拨款的形式施以影响。如《英雷尔法案》为各州开办工、农学院在财力、物力上方面提供了法律支持，各州以此为依据建立了一批新式大学，为发展工农业培养了专门人才。1958年后，美国为应对苏联的冲击，通过《国防教育法案》来控制各州和地方教育的发展方向，加强了自然科学的教育与研究。2005年，美国高等教育未来委员会（Commission on the Future of Higher Education）年宣布成立，它致力于为美国高等教育的发展，以帮助美国高等教育适应21世纪的社会。这是近年来美国高等教育改革的重要措施之一。

二是大学自治。美国大学的自治与欧洲大学自治有很大不同，美国的政治管理体制和经济体制给大学自治以充分的空间。

美国高等教育的管理模式是董事会法人制度。董事会是高等学校的最高决策机构，负责高等学校的发展方向、总政策、财政和校务管理。校长向董事会提出本校的规划和决策意见。在市场竞争环境下，美国大学一般都有高度的自治权，政府很少进行干预，高等教育的整体发展水平依赖于各高校自身的生存能力。为保障高等教育服务于社会发展，各级政府主要是通过建章立制来规范高校办学行为。各高校依法办学，依法治校。各高校主要是通过各种协会进行交流。

有学者认为美国的大学自治是最缺乏组织的，几乎完全是一种自由竞争的市场，无序发展和质量低劣的现象不可避免；也有学者认为，正是高度的大学自治才导致办学的多姿多彩和生机勃发。在这里我们应看到，在最近一个时期，世界各地的高等教育资源配置都朝着加强中央集权制的方向发展。

二、德国高等教育资源配置的主要经验

德国高等教育管理体制执行联邦制原则，这决定了高校和州政府在高等教育管理结构中的性质，高校要在为国家机构服务基础上进行自主办学。由于德国的高等教育产生于中世纪晚期，是由代表封建邦国的诸侯建立的。因此，在《高等学校总纲法》指导下，联邦教育主管部门、各州教育主管部门、分散各地的教育协商和咨询机构与独立性教育机构之间是不相隶属的平等关系。

德国高等学校实行自主管理，同时接受各州教育主管部门的监督。德国的高等教育管理实行学术研究与行政管理相分离的政策。德国高校管理的基本结构包括校长、评议会和全校代表大会。校长负责行政管理，其中一名副校长受州政府委托督察校内财务；评议会是学校的协调管理机构，它负责确定校长候选人和

审批教授资格；全校代表大会由教授、教研人员、学生及行政人员几类人员的代表组成，各成员组在全校代表大会中均有一定席位和表决权。

教育协商和咨询机构的作用明显有别于其他发达国家。大学校长协会（Hochschul Rektoren Konferenz）是德国最大的自愿性组织，该协会的目标是协调高校间的利益；对联邦和州政府提供政策咨询；提供国内外高等教育的有关信息；协调国内外大学之间的联系。科学委员会（Wissenschaftsrat）是一个咨询性机构，它是中介性组织，其主要功能是提出发展建议。对外文化交流协会（Deutscher Akademischer Austausch Dienst）是非政府组织，是促进德国高校国际间学术交流的机构，所有大学都是其成员，其经费由国家提供。

德国的高等教育质量比较均衡，这与其长期实施的教育理念是分不开的，如对大学的拨款和管理、教授的学术研究自由等。德国近几年提出了“再合理化、竞争、国际化、质量保证”的高等教育改革目标，在引入绩效为基础的政府拨款模式、加强评估工作、逐步建立与国际接轨的学位制度、提高学生学习的压力和动力、加大高校办学自主权等方面进行了积极的探索。

三、日本高等教育资源配置的主要经验

进入新世纪以来的日本国立大学法人化改革产生了巨大而深远的影响，更被有些学者称为日本国立大学系统自明治维新以来最大的一次变革。

日本的大学分为国立、公立和私立。国立大学虽然在数量上所占比例很小，但控制着日本高等教育系统中最优质的部分，而且在平衡日本不同地区的高等教育资源方面也发挥着关键作用。

“小政府”改造运动是国立大学法人化最直接动因。对于这场自上而下的国立大学法人化改革，日本政府的主要目的就是要提高大学的办学“效益”。《法人法》自2004年4月正式实施以来，改变了日本国立大学的性质，把以前从属于政府官僚体系的国立大学转变为独立的民事主体。国立大学拥有独立的法人身份后，把一些有利于提高办学效益的市场机制引入到大学的管理中，包括契约化的管理、弹性人事制度、拨款竞争、法人代表权利的强化、经费来源的多元化等。法人化后，日本政府对大学的管理从微观的模式走向宏观，通过中期目标、中期计划以及第三方评价等手段体现政府的意志。

国立大学内部变化最大的是管理运营体制。为了站在学校整体的角度，作出高效率的决策，大学管理的中心转移到了校长和役员会，并被赋予更多的财务、人事、运营的裁量权。另外，从大学提交的“素案”与文部省最终的“定案”的高度一致性上，可以体会到政府在大学发展方向上仍处于主导性地位。21世纪后，竞争压力下，国立大学掀起了一股合并与联合的浪潮。外部竞争的加剧是大学合并的主要原因，面对竞争，一些实力较弱的大学通过合并来提高竞争力是一种本能的反应。大学的合并不仅在国立大学，面对新的挑战，公立大学也在积极推进。大学的“成本”意识增强，经营能力经受住了考验，法人化后的第一次决算，除一所大学外，国立大学全部“盈利”，纯“利润”总计1103亿日元。这说明大学法人化的改革在提高办学效率上初见成效。

从《独立行政法人法》到《国立大学法人法》的制定，再到相关的50多部法律法规进行修改，可以看到日本国立大学法人化的改革首先是围绕着相关法案展开，法的制定走在了第一步。政府的、国民的、大学的意志与愿望经过充分的酝酿、协商与妥协，通过法的条文表达出来。之后的大学合并也好，管理模式的转变也好，都是法律基础上的自觉行为。法人化后，一些市场手段引入大学的管理，虽然调动了国立大学增收节支、提高办学效率的积极性，但也带来了基础科学研究的衰退等消极影响。

四、俄罗斯高等资源教育配置的主要经验

1980年代后，转型国家关于高等教育资源配置的研究为我国高等教育资源配置研究提供了部分借鉴，苏联与东欧等国家转型后所引起的高等教育体制变化研究开始增多，这一研究涉及制度转型带来的高等教育资源的一系列变化领域。大部分转型国家在高等教育资源配置问题上都遇到与我国类似的问题，这类研究随着新制度经济学的兴起，研究视角有新的突破。

俄罗斯联邦政府于21世纪初批准了《俄罗斯联邦教育系统的优先发展方向》，文件中的主导思想有“发展现代继续职业教育系统”、“提高职业教育质量”和“提高教育领域的投资吸引力”，目的是提高高等学校的运作效率，保证学生的培养目标质量与经济社会发展前景相一致。为了实现上述目标，俄罗斯以完善教育技术内容、教育领域的组织为基础，加紧巩固科学、教育、劳动市场与生产的联系。

在高等教育课程改革方面，俄罗斯的高等教育结构和内容的多样化改革，可以归结为不同结构层次的基本教育和补充教育的多样化。俄罗斯在高等学校建立了有效的教育过程质量管理系统和学分模块系统，建立了个性取向的教育途径，不仅能对社会经济领域中的需求作出反应，还能满足个人的利益和兴趣。

在高校招生和就业改革方面，高等学校的招生要举行3—4次

的入学考试，在一些情况下，报考艺术、文化、体育的学生还要进行专业测试。由于俄罗斯高校的招生数远大于中学毕业生数量，也就是说每个中学毕业生都可以到高等学校学习。在这种情况下，俄罗斯目前仍缺乏对学生进行评价的体系，这样的情况在世界上并不多。

在重点高校培养建设方面，可以表述为优先扶持“重点”高校。在《2006—2010年教育发展纲要》中：“为了国家、社会和个人的利益，把高等职业教育系统划分为全国性高等学校和系统性高等学校，以提高利用高校智力潜力的效率，把物质技术和财政资源集中用于俄罗斯教育的关键方向。”

第二节　国外高等教育资源配置经验的启示

从世界范围看，高等教育资源配置改革是当前各国高等教育发展中的普遍主题。OECD教育委员会副主任伯纳德·胡格涅尔（bernard hugonnier）指出，从1995年到2004年，世界高等教育入学率以每年15%的速度在提高，我们要意识到在质量保证的体系上有很重要的工作要做，教育不公平的问题也是一大挑战，高等学校的管理机制应更加现代化。进入21世纪以后，主要发达国家都把高等教育的治理改革作为政府施政的重点之一，日本推行国立大学法人化改革，德国将废除高校总纲法而给予大学更多的自主权和自治等。这些改革措施的核心内容，即在保证政府可以控制的情况下来调整大学自治和政府治理的关系。在中国，高等教育体制改革的政策导向，要坚持教育公平性、公益性；改革的价值取向是要坚持以人为本，实现人的全面发展，改革的基本方式是要坚持以法治教，加强法制化建设。

一、制定适合区域特点的资源配置规划

我国高等教育经过世纪之交的跨越式发展，已经进入到大众化的发展阶段。就目前情况看，我国各高等学校不管自身条件如何，都普遍存在着追求办高层次、办综合性大学倾向，忙于争办硕士点、博士点，争抢学科带头人、院士，从而造成了千校一面，定位不明，结构混乱、恶性竞争、资源浪费的问题。

为促进高等教育的科学发展，2010 年国务院发布了《国家中长期教育改革和发展规划纲要（2010—2020）》，这是国家根据社会、经济发展需要，对我国高等教育未来发展的顶层设计。按照我国高等教育两级管理体制要求，地方政府应及早制定出适合本地区特点的高等教育发展规划方案，有利于政府、大学和社会主动调整关系，及早改变政府和大学之间“缺位”、“越位”和“不到位”情况，有利于及早改变大学处在政府附属单位的情况，及早明确政府负责法规制定、监管的责任，及早明确高校以建立现代大学制度为切入点。

从德国受到的启示：一是基于我国社会主义初级阶段的国情及人才需求重点，借鉴德国的地区性职业教育体系及应用型人才的培养方式，是我国高等教育资源配置改革研究中的一个重大问题；二是一流大学必须重点推进高层次人才培养和学科的发展，德国的经费预算具体到教授和学科，这符合高等教育发展的规律；三是在我国市场机制不断完善的今天，应积极发展有权威性的教育中介组织；四是凸显学术人员的价值，教师质量是大学水平和声誉重要的和基本的组成部分。

通过对高等教育资源管理体制的比较研究可以看到，美国进入市场机制的时间早于其他国家，所以与别的国家相比，它的市场调节能力发育得比较成熟。这种调节模式对其他国家的行政和管理政策都产生了影响。民营化（privatization）的行政与管理在美国的高等教育系统里发展得很好，对其他国家的学术改革也是很有借鉴意义的。这在近年日本高等教育的政策里已经反映出来了。日本中央政府有意把这种行政和管理的模式作为一个重要概念应用到它的高等教育政策里。

二、健全社会参与监督管理高校的机制

在高等教育发达的国家，普遍存在着各种教育中介机构，在各高校内部普遍存在着高校董事会，它们参与监督管理高校，对高等教育的发展起到了重要的作用。他们得到了政府、学校、教授、社会的普遍认可，一般具有独立和权威两大特点，他们在高校和社会之间架起了桥梁，及时传递了学校与社会之间的信息，有利于避免高校因被学校内部既得利益团体控制，而丢失社会责任感，最终背离国家和社会设立高校的初衷。这既满足了学校服务社会发展的要求，也避免了学校脱离社会而成为“象牙塔”。

反观我国的高等学校，教书育人和科学研究相分离、文化传承与社会服务相分离，学习与社会实践相分离，学校、用人单位、科研院所、非教育主管部门往往互不沾边，“局外人”根本无法参与学校的管理，各高等教育机构的发展往往处于封闭的状态。

随着我国社会经济的发展，我国的高等教育已从社会的边缘走入到社会活动的中心，他不仅肩负着文化传承的使命，而且肩负着服务社会、科学研究的使命，成为驱动中国社会经济发展的

强劲动力，因此而备受社会关注。当社会向高校加大资源投入、当社会向高校投入更多期盼时，社会有权力清楚高校发展的预期，社会也应逐步建立健全参与监督管理高校的机制，从而增强高等教育资源的利用效率。

三、加快中国特色现代大学的制度建设

综观高等教育发达的国家，政府依法治教和大学自治是其高等教育资源管理体制中的重要特征。一方面，政府在法律基础上，综合运用各种手段对高等学校进行管理，另一方面，高校又有自己的大学章程，并依据章程进行自我管理。大学章程充分体现了大学自治与学术自由的大学精神，并因具有法律效力而成为大学进行自我管理的合法依据。

目前，学术界主要是从学术性、市场性和组织性三项基本维度考虑现代大学制度的建设。[①]“学术性”是大学制度建设的最根本要素，“学术自由、教授治学”是西方大学制度不变的内涵；“市场性”是大学在近代发展过程中产生的，变化发展与市场经济体制的结合；“组织性”是指大学应直接面向社会办学，并进行结构功能的调整。

可以看出，现代大学制度的建立，有赖于一种科学的政府与学校关系，需要一种法治意义上的“大学章程”对学校内外部的各种关系予以规制，其最终目的是创建出让广大教师醉心于学术工作、优秀的人才脱颖而出的机制，使大学的人才培养和科研极大地满足社会。

---

① 马陆亭. 现代大学制度的创新方向［J］. 国家教育行政学院学报，2004（3）：15.

因此，规划未来大学制度建设的指导思想应当是在加强和完善党的领导前提下，按客观规律和使命要求理顺政府、学校、社会的关系，遵循“宏观有序，微观搞活”的管理原则，建立健全高等学校治理结构，形成政府宏观管理和协调、社会多元参与和监督、学校自主管理和自律，政府、社会、学校合作治理的中国特色现代学校制度[①]。

四、鼓励各高校在特色办学中追求发展

高等学校的发展离不开社会，高校通过特色办学进行社会定位，并因此享受社会资源的分配权力。高等教育发达的国家主要是通过以下三个方面，鼓励各级各类高校在保持办学特色中追求发展。

一是积极探索应用型人才的培养道路。十多年来，随着知识经济社会的兴起，工程类应用性人才的培养有弱化的倾向，一些知名工科大学开始转向建设综合研究型大学，一些行业部门学校划归地方后其优势学科受到冲击，伴随我国社会经济的发展，社会产业结构的调整及我国巨大的人口就业压力，我们必须认真探索高级应用型人才的培养模式，改善应用型人才的培养环境。各类高层次人才的培养成为国家健康发展的重要保证。

二是积极丰富特色办学的形式。学术界对大学附设独立学院或职业技术学院是有争议的。反对理由主要是不符合高等学校的分类发展方向。其实，办学特色和特色办学是相辅相成的，形式是内容的扩展和延伸，只要符合社会发展需要，只要学校教职工

---

① 马陆亭．现代大学制度的创新方向［J］．国家教育行政学院学报，2004（3）：15.

代表大会同意，只要不损害学校的利益，就可以给予宽松的制度环境进行扶持。

三是积极拓展高等学校的科研合作领域。高等学校具有学科齐全、学术活跃、自由度大、开放性强、新人不断等优点。同时，我国又有着独立于高等学校之外的科研院所体系。扩大与专门的科研院所的合作是提高整个国家科研效益的重要方面。因此，我们可以鼓励一些研究型大学在与科研院所加强合作的同时，强化办学特色，在特色办学中得到发展。

第五章

深化中国高等教育资源配置改革的原则和对策

第一节 深化中国高等教育资源配置改革的基本原则

中国高等教育资源配置改革的基本原则，可以划分为一般性原则和特殊性原则两个方面。前者旨在说明高等教育改革应该遵循的原则，而后者旨在说明高等教育资源配置改革应该遵循的原则。

一、一般性原则

我国高等教育改革是一项复杂的、艰巨的、全面的、长期的战略任务，必须要有正确的理论指导，必须坚持正确的改革原则。

一般性原则主要包括六个方面：

（一）坚持“二为”方向原则

深化高等教育改革，必须坚持中国特色的社会主义方向，坚持为人民服务方向。坚持以邓小平理论、“三个代表”重要思想和科学发展观为指导；坚持教育必须为社会主义建设服务，为人民服务，必须与生产劳动和社会实践相结合的方针，把学生培养成德、智、体、美全面发展的社会主义建设者和接班人。在改革中既要大胆吸收外国的先进理念、先进科学文化和管理经验，又不要照搬外国的东西，并要抵制外国消极、腐朽、反动的东西，把国际化与本土化有机结合起来，弘扬中华民族优良文化传统。

（二）坚持与时俱进原则

高等教育是社会发展的产物，又是促进社会发展的动力。高等教育改革要从中国的国情和现实出发，适应社会政治、经济的发展和变化。当前我国社会最大的特点是从计划经济转向市场经济，从封闭转向开放。当前中国面临三大任务：全面建设小康社会、加快推进社会主义现代化建设，实现中华民族伟大复兴。高等教育改革，要转变计划经济下、封闭状态下的办学观念和办学模式，努力适应市场经济和改革开放的需要，努力满足经济社会和人民群众对高等教育的需求，满足社会对各类人才的需求，为实现三大任务贡献最大力量。

（三）坚持实事求是原则

高等教育改革从宏观上要适应社会的发展和变化，不能脱离社会现实；但从微观上，从教育内部来说，必须按教育规律进行，不能把市场经济的规律生搬硬套到教育改革上。教育有教育的规律。高等教育改革要从自身的任务、目标出发，遵循教育内在的规律。如在学校管理上要淡化行政权力，增强学术权力；在课程设置上要从培养目标、专业特点、学生个性等出发，还要从现代科学技术发展趋势出发，构建科学合理的知识结构；在教学上要发挥教师的主导作用、学生的主体作用；在人才培养上要从学生的身心特点出发，坚持以人为本、德育为先，提高全面素质；在建立现代大学制度上要增强大学办学自主权，教授治学、学术自由，民主管理等。

（四）坚持协调发展原则

高等教育的改革要遵循“规模、质量、效益”协调发展的原则，不能只顾发展规模，不顾质量、效益，也不能只顾质量，不顾规模、效益，更不能只追求规模、效益，不顾质量。我国高等教育在计划经济体制下，全部由国家包下来，不讲效益，学校规模小，生均比例很低。20 世纪 80 年代每校平均 3000 名学生左右，师生比 1∶5 左右。近年扩招后，许多学校规模发展很快，在校生达 2—3 万人，但投入跟不上，师资、设备跟不上，有的大学师生比在 1∶30 以上，教育质量受到了影响，很不协调。因此，改革中必须以质量优先，把质量放在第一位，在规模发展的同时，必须要求经费投入、师资队伍、装备建设同步进行，师生比控制在 1∶15—1∶18，以求协调发展。

改革的协调发展原则，包括外部协调和内部协调。外部协调主要指高等教育要与当地的社会、经济发展相协调，要从当地的需求出发发展高等教育，要与当地政府、企业、教育、文化部门搞好关系。一方面主动积极地为社会服务，另一方面充分利用当地的资源为学校教育服务。学校参与社会建设，社会参与教育事业，走产学合作道路。内部协调主要指处理好内部各职能部门之间以及与院系的关系，处理好校院系之间的关系，充分调动各方面的积极因素，形成合力，共同办好教育。学校要从自身的实际情况出发，明确定位，安于本位，办出特色，不要贪大求全、盲目攀比。

（五）坚持多样化原则

我国实行市场经济、改革开放以来，经济体制多元化，经济模式多样化，改变了过去单一化的经济体制和经济模式。教育同样如此，改变了单一的公有制办学体制和办学模式。因此，高等教育改革也要坚持多样性原则。现在高等教育面临的是多样性的社会，面临的人民群众是多样性的需求，因此一种教育体制、教育模式已远远满足不了社会和人民群众的要求，应建立多种教育体制、教育模式、教育层次，不能搞“一刀切”。多样性原则，就是要办好各类高校，以培养社会所需要的各类人才，满足多样性社会的多样化需要。

（六）坚持风险预测原则

高等教育改革过程中会遇到各种各样的障碍和困难，有的来自思想观念，有的来自物质条件，有的来自外部环境。因此在涉及改革时要充分考虑各种因素，包括有利因素和不利因素，改革要建立在可靠的信息情报资料的基础上，设定的改革目标要有科学性、可行性，实现改革的目标要有必备的条件（人、财、物、机构等）。要充分预测在改革过程中可能出现的问题以及如何解决的方案，预测改革的最终结果将有几种可能性，尤其要充分考虑可能产生的风险，对投入产出的效益进行分析并制订出风险后的应对措施。风险过大的改革必须慎重实施，或暂缓实施，待条件成熟时再进行，或者应作适当的调整，不能在人、财、物等条件不具备的情况下，凭主观意志搞改革。

二、特殊性原则

（一）必须坚持落实高校办学自主权的原则

落实高校办学自主权，是高等教育资源配置改革的核心理念。

办学自主权是大学特有的权力。比如，学术自治与学术自由的基本保障制度；尊重学科发展、专业设置的规律性；教授在专业化组织中的权利地位；对专业化知识水平的公正评价制度；激励作用的学位制度、职级制度、评价制度。简而言之，办学自主权是内生于高等教育组织中的一种专业化力量。

办学自主权是早期专业化分工的产物，也是抵御政府与市场过度影响，促进高校健康发展的学校内生力量。中世纪大学因生长在自然经济的土壤里，高校和社会经济生活没有直接的必然的联系，中世纪大学成为贵族的特权学校。近代大学伴随资本主义国家的发展而崛起，资本主义初期的大生产是在封建的手工工场基础上发展起来的，对直接活跃在生产一线的能工巧匠，工场专业化程度与装备技术水平要求较低，这时期的高校教育还没有脱离意识形态的限制，属于贵族特权教育。伴随资本主义的发展，上述高等教育情形发生了根本性的变化，社会化大生产对劳动者的专业技能需求趋向复杂，“子承父授”式家庭式教育已经不能满足社会需求，在高校教育课程中自然科学的内容比重逐步加大，劳动力市场也逐步成熟。因此，大学的自主权力在二次产业革命之后逐步确立了自己的地位，大学不再是“远离社会”、“自给自足”、“自弹自唱”的象牙塔，大学真正成为了促进社会经济发展，向社会输送高层次人才的“集散地”，大学真正成为了经济社会生活的中心。

从上述分析可见，在市场环境下，高校办学自主权必定来自一个有效且有约束力的市场。转型中高校的权利与义务是一个正在界定的产权内容，从政府的全权庇护下走出的学术自治不是一天长大的，学术传统的培育是一个随产权的不断清晰而生长的过程。基于学术力量是一个演进的概念，高校办学自主权只能在市场中不断地修正，才能持续保持生命力。

（二）必须坚持发挥市场调节作用的原则

这是由于在市场经济体制背景下，市场调节是高等教育资源配置改革的基本动力。

本书所指的市场力量是与政府力量、学术力量相对应的直接对大学组织产生作用的一个概念范畴。本书论述的基本前提是中国正在致力于建设一个好的市场经济制度。因此，从分析框架的本质上说，市场力量对社会资源配置的作用是基础性的，对学术力量和政府力量起制约作用。

在计划经济条件下，政府是资源唯一的供给主体，当然也是资源使用评价的唯一主体，政府是学校行为的全权代表。政府作为游戏规则的制订者、执行者，对执行的效益评价是一种对自我行为评估途径。作为政府附属部门的学校只是一个执行单位，在资源配置、规划标准和预期激励给定的约束条件下，由于不存在选择、竞争和创新的环境。大学作为一个人力资本产出单位与物质生产单位的性质一样，只有产量概念。而这个产量也是事前下达的，政府确信这个产量是正确的。政府通常是例行公事式的自上而下的检查，它不可能也不需要对自己进行客观、公正的评估。这就是计划经济条件下，政府不需要也不可能有客观性评估的简单逻辑。因此，没有评估行为存在，自然也不存在违规问题。

在市场经济条件下，市场主体的多元化使稀缺资源的配置成为利益之争的前提，为了把稀缺资源配置到更有效的地方，必须对同一类的配置主体进行考核和甄别。社会需求与市场调节是高等教育资源配置改革的基本动力主要理由有以下三条，一是对改革主体来说，改革的动力来自一个可以争取的外在“利润”，这个“利润”就是改革成本与改革收益之比的净收益，要想得到这一资源只有通过市场机制的作用；二是对改革机制来说，市场机制的内在逻辑是改革主体实现这一“利润”的合理性，在市场条件下的劳动分工使个体的决策呈现分散化，但这种分散的知识优势需要依靠一个机制实现其效用；三是对改革过程来说，市场具有自动调节的功能。

（三）必须坚持兼顾各利益主体关系的原则

在市场经济条件下，利益主体多元化。因此，兼顾各利益主体关系是高等教育资源配置改革的中心议题。

在高等教育资源配置中，政府、学术和市场这三种配置力量是客观存在的。新制度经济学从“行为均衡”来探讨制度均衡问题。从供求关系来看，我国高等教育制度创新的过程，就是以市场力量的动力与学术力量的回归不断替代原有政府控制资源配置的过程。这个过程一直没有停止是因为市场经济体制改革本身尚未完成，高等教育市场的系列制度还未完善，政府的主体配置资源作用还未到位等等。因此，在高等教育资源配置过程中，主要呈现出高校、社会和政府三种力量协调统一。

高校、社会和政府三种配置力量发生关系的基础是市场经济制度。这三种力量相互制约要有四个要点：一是高校、社会和政府三种配置力量各有其相对独立存在的条件，因此它们之间必须有明晰的权利边界；二是高校、社会和政府之间权利相互交叉的部分就是权利交易发生的部分，这个部分是一个不断明晰的过程；三是高校、社会和政府之间是权利相互作用的过程；四是它们之间只有保持一定的距离，才有可能使三种力量之间的张力与制衡存在。学术自治作为大学的品格是自大学诞生以来留给人们的最重要遗产，其追寻的本质是科学精神，它不可能也不应该丧失其理念与品格去迎合市场或追随政府，这不仅是大学组织源远流长的真谛，也是大学组织治理结构与其他组织不同的本质所在。距离是张力的前提，张力是制衡的基础，寻求一个适应环境的制衡机制是大学组织资源配置优化的条件。这四个要点也是“三圈制衡”模型的四个约束条件，即独立的产权主体（建立排他性的产权制度）、促使产权制度效率提高的制度安排（建立组织间创新内在动力的机制）、具有法理意义的产权交易制度（建立可转让的产权制度）、保持张力存在的组织治理前提（建立组织内部制衡的必要条件）。

笔者给出的分析框架是在市场经济制度之上对高等教育微观组织主体行为具有制衡作用的三种力量：市场、学术、政府。这三种力量不仅影响资源进入高等教育机构，而且影响资源的转换使用以及资源的产出方式。由于三种力量的较量受到不同的制度环境的制约而呈现不同的形式或模式。

（四）必须坚持发挥政府主导作用的原则

发挥政府主导作用是高等教育资源配置改革的必要条件。

笔者认为，我国是通过由政府推动建立市场经济的国家，它与西方已经进行了300年的现代意义上的市场经济又很大的不同，第一是历史条件不同，第二是经济环境不同，第三是形成途径不同，第四是面临的目标不同，因此，中国不可能从一般历史阶段的国际比较中得到某种现成的范式。

在讨论政府主导是高等教育资源配置改革的必要条件时，有一个绕不过去的焦点，即国有资产所有权问题。这个问题牵涉到政府与学校的产权关系。所有权是一个排他的权利。按照平乔维奇的概括，它至少包含四个要点：资产所有权、使用权、经营权以及最终处分权。资源配置的核心问题就是对上述这四种权利的产权明晰问题。按人民主权理论，国有资产是指由组成国家的全体公民所有，只有人民代表大会有权代表全体公民行使这一所有权。人民代表大会一般是通过立法行使所有权，政府只是依法行使其使用管理权，政府也可以委托学校依法具体“经营”管理。以上问题说明了转型期政府行为需要建立一个新的制度框架。

为了进一步理解在市场经济建立的过程中，政府行为转变与资源配置制度转换的关系，此处将补充说明政府与公共治理理论。治理（Governance）相对于以往的“统治”（Goverment）而言，成为市场经济国家在特定范围内行使权力的概念，在当前全球治理方面被广泛使用。该概念的最突出特点是，强调在公共领域里的相互关系上的对话、合作与平等。在这里还要特殊说明一下的是，改革开放之初，即使人们了解到其他国家的这一做法，也无法真正有所作为，因为市场的影响还未达到这种需求。从最初政府的全包到政府回到本来应具有的公共治理位置上，这期间的变革不是因为我们了解或应用了某个理论，而是选择并实践了在市场经济条件下这一配置资源的制度安排。市场经济的内在发展逻辑不仅促进了改革的深化，而且验证了对人们来说还很陌生的市场规律。

发挥政府主导作用，在高等教育资源配置领域，政府应是改革的推动者、制度的设计者、市场的培育者和矛盾的调节者。

第二节 深化中国高等教育资源配置改革的对策建议

一、构建中国高等教育资源配置的新型体制

（一）深化高等教育体制改革，正确处理好政府和学校之间的关系

在市场经济体制下，政府应从直接的计划管理“守夜人”的角色，变为“看不见的手”宏观的管理者。这种职能的转变不仅仅体现在经济层面，更应该体现在社会的诸多方面，这样才能真正地发挥市场的基础性作用，实现资源的最优配置。高等教育资源也属于市场经济系统的一种资源，也应该让市场机制在其配置中发挥基础性作用，需要政府重新对其职能进行定位。

政府是公共教育服务的提供者，是公共教育资源的配置主体，其职能定位及履行对教育资源配置具有决定性作用。目前，我国教育资源配置中存在的过度强调行政本位、手段单一、公开透明性欠缺、权责不匹配等问题，都与政府职能越位、错位，权力过于集中等相关。因此深化教育资源配置改革，必须切实转变政府职能，加快简政放权的步伐。①

① 钟秉林．教育资源怎样配置［N］．光明日报，2011－12－05．

1. 政府作为高校的行政管理者与办学者的双重角色必须分离

高校应该是独立的办学主体，应具有独立的办学权力，这样才能正确地处理好学术、教学、行政、后勤等各方面的权力；而政府只应是高校的宏观行政管理者，按照相关的国家法律和政策规定行驶行政权。因此，对于高校内部的具体事务，应该让高校有自主的管理权力，政府不应介入。

那么，政府应该做些什么呢？笔者认为：

（1）政府要培育并完善高等教育市场，为高等教育发展和高等教育资源配置营造一个宽松和活力的发展环境。

合理的规则，是市场经济正常运行的可靠保证。因此，政府在高校资源配置过程中，要根据市场发展的需要来制定相应的市场规则（例如，关于“高等教育市场准入”的相关条例），确保市场机制（价格机制、竞争机制、供求机制）充分发挥作用。政府的这种作为，目的在于为全社会提供一个统一的制度环境，为教育事业的健康发展提供制度保证。同时针对市场调控失灵的现象，政府要及时地进行调节，赏罚分明，提高政府的诚信和权威。

（2）政府要运用各种政策、审批、评估体系等杠杆，加强对高校办学的监督。

保护高等教育消费者的权益，营造政策和制度环境，政府的行政职能具体体现在：制定各类高等学校的设置标准，审核高等学校的办学条件，审批高等学校的办学资格；建立评估机制、规范评估行为，通过中介机构制度化、规范化地对高等学校的办学质量进行评估和监督。①

(3) 政府应完善“以政府投入为主体，投资主体多元化”政策，以弥补高校资源的不足。

政府作为高等教育投资主体毋庸置疑，但除了政府之外还可以集中社会的力量乃至企业或者个人的力量来弥补其对高等教育资源投入的不足。因此，在高等教育的资源配置改革中，要充分发挥各中介机构、社会团体的作用。但是，一定要处理好政府和各投资主体之间的关系。为此，需要政府制定相应的法律来确保各投资主体的利益关系，建立相应的利益监督机制和利益调节机制，吸引更多的社会资源为高校服务。

(4) 政府要做好教育规划和控制教育拨款权。

政府应根据相应的实际调查和专家评估等，编制好高等教育指导性规划，用以指导和帮助高校自身处理好专业设置，招生规模，投入和产出之间的比例关系，以适应经济和社会发展的需要。同时，政府还应该控制好对高校的教育拨款，改变以往的按照学校规模大小、学生人数等量化的标准，要引入绩效预算管理的运行机制，将财政拨款和学校的若干绩效以及教育资源的分配使用效率挂钩。

2. 高校需完善内部运行体制

随着行政体制改革的推进和市场经济体制的建立，计划经济体制下的大学制度结构越来越成为高校发展的“绊脚石”，因此，必须根据社会发展的变化改变大学管理结构和管理模式，这样才能更好地应对政府下放行政权之后带来的变化，保持自身良性

① 毕宪顺. 权力整合与体制创新［M］. 北京：教育科学出版社，2006. 158.

发展。

(1) 妥善处理好学术权力和行政权力之间的关系

学术权力和行政权力作为大学中比较重要的两种权力，虽然前者是为提高教育质量服务，后者是为整个学校的有效运行服务，但是两者的最终目标是一致的，都是为了保障决策和运行符合教育规律，从而实现高等学校的预定目标。

因此，要妥善处理好两者之间的关系，可以考虑给予学术委员会、教授委员会等学术机构一定的行政权力，一方面可以根据实际需要增加用于提高教育质量、改善科研条件方面的投入，以实现教育资源的合理分配；另一方面可以减少行政权力对教学、科研的不必要干预，降低行政成本。

(2) 建立有效的监督体系和约束机制

健全、有效的监督和约束体系是一个系统正常运行必不可缺的东西，对于高校权力的运行来说也不例外，设置完善的监督系统有利于防止一些权力的过分膨胀，同时也有利于及时解决运行中出现的问题。所以笔者认为，高校应该进一步完善教职工代表大会，赋予他们监督权并将权力落到实处，同时也应该充分发挥学生会等学生团体的作用，加强对于学校各方面的民主监督。

二、转变高等教育的办学理念，实施“培养创新型人才”的国家战略

教育理念体现的是教育育人的目标以及教育如何育人，教育理念决定配置教育资源的方向和方式。在当今的知识经济时代，只有改变以往落后的教育理念，才能促进资源配置的合理性，提高资源的利用率。

（一）转变人才培养模式，构建通才和专才相结合的人才培养模式

迄今为止，主要有两种代表性的教育模式，一个是以美国为代表的通才培养模式，其主要特点是学生的知识面比较宽阔、内容的综合性和教育方式的灵活性。另一个是以苏联为代表的专才培养模式，其主要特点是教育按学科划分，学生的某一学科学得特别“精”，但是专业面比较狭窄，视野不够开阔，创新能力不足。随着时代的发展，需要我们构建“通才和专才相结合”的人才培养模式，加强文理知识的相互渗透，开设大量交叉性的学科和边缘学科，开阔学生的知识视野。

（二）加强对学校的定位管理，凸显办学特色，防止高校同质化现象

首先，政府要完善教育质量评估体系。根据市场的需求变化和高校的自身特点，建立科学的质量评估体系，做好对不同类型学校的功能定位和数量定位，防止大学的同质化。

其次，高校要做好自身的办学定位。高校自身要根据自身的历史条件、区域特点和资源条件以及市场的供求变化等，做好自身的功能定位，突出自己的学科优势和特色，尤其是一些普通高校不要盲目地随从某些重点高校开设类似专业，或者学习类似办学模式。不同的产品有不同的规格，不同的质量标准；不同的大学也有不同的目标，不同的质量标准。要在激烈的大学竞争中找准自己的位置。才能提高学生的社会适应能力，提高学校的知名度。

（三）转变高等教育的教育理念，贵在落实

建议中央政府有关部门，尽快制定并实施“培养创新型人才”的国家战略，国家教育部应该对此有所作为。这不仅是“转变高等教育的教育理念并加以落实”的首要之举，更是责无旁贷。

三、彻底转变教育发展方式，由外延型向内涵型转变

不同的教育发展方式必然引导着不同的教育资源配置方向。随着高等教育大众化的发展，我国高等教育面临的主要矛盾是规模不足、条件保障不力，人民群众的教育需求得不到有效满足。因此，政府配置教育资源时，往往偏重硬件建设，提高教育普及率，而在教师培养培训、课程建设、教学方法研究、学校管理等方面投入的资源则相对不足。在教育发展的初期阶段，偏重硬件和规模有其合理性。但随着基本办学条件明显改善，教育的主要矛盾发生了根本性变化，优质教育资源不足成为了主要矛盾。[①]因此，在新阶段我们应该把全面提高质量作为教育发展的核心任务来抓，这就需要我们转变教育发展方式，由外延型向以提高质量为核心的内涵型方式转变。

（一）进一步解放思想，树立科学的教育发展观

影响教育资源配置的因素有多种，但起主导作用的还是教育发展观。对教育观念的把握直接影响着教育资源的投向。过去我国教育资源配置的标准主要是根据学校的规模，师生数量等量化

---

① 钟秉林．教育资源怎样配置［N］．光明日报，2011—12—05．

的标准，而对于教师的质量、培养学生的方式却很少重视。在新时期进一步深化高等教育资源配置改革之际，必须重现高等教育质量等现实问题，进一步解放思想，树立与社会发展需求相符并与我国国情相适应的科学教育观。通过转变这种教育观念，完善资源配置的方式，将先进的理念转化为有生命力的教育实践。引导高校遵循教育规律、人才成长规律和社会发展规律，将科学的教育观贯穿于教育发展的各个环节，培养符合社会需要的德、智、体等全面发展的复合型人才和创新型人才。

（二）以人才培养为核心，全面提高教育质量

首先，要加强师资队伍建设，提高大学教师的教学、科研水平。教师队伍是教育的第一资源，是决定教育质量的关键环节。大学教师尤其是教授，是大学的灵魂，是大学理念和大学精神的主要载体，没有高水平、高素质的教师，就没有高质量的大学，因此必须把加强教师队伍建设作为高校建设的重点工程来抓。

其次，要深化和完善教师的聘任制度。现在有很多高校，教师存在着“近亲繁殖”现象，这不利于形成学术百家争鸣的局面，更不利于高等教育资源的优化配置。高校要拓宽选人的视野，完善教师的遴选制度，全面推行公开、公平招聘制度；进一步加强高校之间、不同学术流派之间的交流和合作。针对一些专业性和实践性较强的高校，鼓励聘用实践经验丰富的专家担任专兼职教师，鼓励教师“走出去”学习，进一步优化专兼职教师的结构。

再次，建立完善的教师保障和激励制度。完善的教师福利待遇制度，能够充分调动教师的积极性去参加更多的培训学习，提高自身素质。唯此，高校教师才能全身心地投入教学和科研活动，实现教育质量的有效提高；也只有相应地提高教师待遇才能吸引更多的优秀人才到高校任教，为高等教育的发展注入新鲜血

液。同时，还应该建立完善的优秀教师激励制度，对于那些对高等教育发展做出突出贡献的教师，应给予相应的物质或精神奖励，这既是对于教师辛苦劳动的尊重，也是鼓励教师继续积极向上的必要之举。

最后，要进一步加强与国际先进大学之间的交流。

经济全球化的发展，必然要求高等教育资源的全球化，以便掌握更多、更先进的教育资源，达到为经济和社会服务的目的。因此，加强与国际先进大学的交流势在必行。

要进一步提升中外合作的办学水平。近年来中外合作办学在我国取得了较好地发展，我们应在现有的教育基础之上积极引进先进理念和成功经验，并使之本土化；充分利用国外优质教育资源，满足社会发展多样化的需求。针对经济社会发展急需的专业，要因地制宜地加大引进力度，促进教育资源的共享和社会发展。

要引进、吸收更多的优质教育资源。目前，世界许多的一流大学都聘任外籍教师，这不仅是一种学术互补，丰富自身的教育资源，同时也是一种文化交流。要积极在高等教育领域举办国际交流活动，学习国际先进的科研方法和教学手段，及时地掌握国际科研的最新动态，带动我们的教育向世界迈进。

要实施人才“引进来”和“走出去”相结合的战略。去年在华学习的外国留学人员首次突破29万，来华留学生总数和我国政府奖学金生人数都创下新中国成立以来新高，要实施好留学中国计划，进一步扩大外国留学生规模。① 同时，也要选派一流学生到世界各地名校和科研机构学习深造，加快培养具有国际水平的创新型和复合型人才。

① 刘延东．深化高等教育改革，走以提高质量为核心的内涵式发展道路[J]．求实，2012（10）：1—3．

分 论 篇

第六章

中国高等教育资源配置改革的专题分析及政府角色定位

第一节 中国高等教育资源配置改革的专题分析

一、中国高等教育资源配置的规模效益分析

高等院校向社会提供准公共产品——高等教育及其相关的衍生产品，具有人才培养、科学研究、服务社会、文化传承的功能。所以，高等教育存在着如何使有限的资源投入产生最大效益的问题，即高等教育规模经济问题。

本章从高等教育规模与社会经济发展的联系角度出发，一方面分析高等教育规模扩张的现状和不足，另一方面运用计量方法实证地估算近期我国教育经费的供求前景。在进行高等教育规模适度分析时，其中的在校生数量、学校数量和毛入学率是重要的衡量指标。

（一）中国普通高等教育发展的潜在规模分析

最近一段时期，我国的高等教育发展规模受到社会广泛关

注，并存在不同的看法：有的观点认为应当保持稳定，有的观点认为高等教育规模已经过大，有的观点认为应当大力发展，有的观点认为要适度发展。如何正确认识当前的高等教育规模与社会经济发展的关系，目前比较科学的分析框架是潜在规模分析。

高等教育的潜在规模，是指在当前的高等教育成本分担理论指导下，如果存在大量的高等教育入学申请者却无法被高等教育系统接纳的话，那么通过增加高等教育资源扩大系统供给能力，高等教育系统可以接纳所有的入学申请者时达到的高等教育规模。

潜在规模分析包括两部分，一方面是分析普通高等学校入学考试的报名人数与录取人数的差距；另一方面是分析应届高中毕业生与普通高等学校录取人数的差距。

我国高等教育的招生市场和毕业生分配市场不是自由流动的，而是分割的。一般而言，应届普通高中毕业生都会参加高等学校入学考试，并根据成绩，分别录取到普通本科、普通专科和高职院校。因此，从普通高等学校入学考试的报名人数与录取人数差距的角度分析高等教育的潜在规模具有一定的说服力。为了使普通高等教育潜在规模的估计更为合理，还应考虑应届高中毕业生与普通高等学校录取人数的差距。

从目前的高考报名情况和高校的录取数据可知，我国高等教育供给与社会需求之间还存在着较大的缺口，社会经济与民众对高等教育的需求与社会供给不足之间的矛盾还是当前高等教育发展的主要矛盾。这说明高等教育规模的扩张程度还远没有达到民众和社会经济发展对高等教育的需求。

在进行高等教育潜在规模分析时，我们应考虑到过度需求情况。因为，知识经济时代的高等教育收益率较高，高等教育过度需求存在可能。当高等教育成本较低时，过度需求将由可能变为必然；当高等教育成本较高时，过度需求将会得到控制。也就是说，只要需求和供给处于均衡点上时，过度需求才会减少到零。在这里还要进一步说明的是，政府在制订学费价格时，不仅要考虑高等教育市场的供需关系，还要考虑居民对高等教育的付费能力。

（二）中国高等教育规模扩展和经费供求分析

自改革开放以来，中国的经济每年以8%—9%的速度在增长。1998年，受亚洲金融危机的影响，我国的经济发展势头有所减弱。在这种情况下，有些学者考虑到知识经济时代的民众对高等教育存在着巨大需求问题，认为高等教育是刺激消费，扩大内需最有潜力的市场，高等教育投资不仅是人力资本投资，而且也是改变消费不足，扩大有效需求的有力手段。在扩大高等教育消费拉动经济增长的呼声下，高等教育从1999年开始，迅速扩大规模直到现在。然而高等教育的规模扩张必须要有足够的教育投入。在增加教育投入方面，我国主要是采用多渠道筹措教育经费的办法。

1. 国家财政性教育经费作为高等教育经费主渠道的依据

根据人力资本理论，教育通过授予劳动者知识和技能，使他们提高了生产能力，并由此获得更多的收益，因而愿意接受教育以有助于创造未来。在1960年代，教育主要被看作是与消费有关的“基本人权”，而现在教育被看作是一种人力资本投资。这种教育投资的社会收益不仅体现在教育对国家经济增长和个人收入增加的贡献上，还体现在可能影响到他周围的人和整个社会，其中包括社会的稳定、社会凝聚力的增强、技术创新、代际收益

（父母从自身教育获得的收益并将其传递给子女的收益）、人口出生率及国民素质的提高。因此，政府应对教育进行投资。而且因我国的高等教育规模扩张而导致的教育投资需求特别巨大，至少在目前经济社会发展阶段，国家应承担主要的高等教育经费。

2. 多渠道筹措教育经费的依据

从我国目前的经济发展水平看，坚持“谁受益，谁分担”原则，施行高等教育成本分担的国家政策，对优化当前高等教育资源，拓展资金来源渠道，完善高等教育结构，提高高等教育质量，满足社会和个人的迫切需求，具有重要的意义。

实施高等教育成本分担的另一个理论依据是成本分担的社会公平性效果。这种社会公平性主要体现在两个方面，一是个人成本分担会使教育资源在初等、中等和高等三级教育阶段的配置更加公平；二是促进不同收入人群的二次社会分配更加公平。把高等教育成本部分转移给个人或其家庭，有利于公平和效率等社会目标的实现，但其中要注意成本补偿水平的提高，因其会影响到贫困家庭子女接受教育的积极性。因此，在收取学费时一定要考虑学生及其家庭的承担能力。

3. 学费水平占生均培养成本的国外经验及借鉴

世界上既有不收取学费的国家，也有收取学费的国家。美国、加拿大、日本、印度、韩国、菲律宾和一些非洲国家对其大部分公立学校实行的是收取学费。我国自 1989 年开始逐步推行“大学收取学费”政策，到 1997 年在全国各大高校开始全面实施该政策。

一般认为，借鉴国外经验，公立高校学费水平的确定应考虑以下几个方面因素：一是历史状况，历年特别是近年收取学费的数量；二是财政考虑，高等学校经费收入的来源渠道及分配比例；三是政治基础，学费提高引发的政治反响；四是消费者能够接受的程度；五是成本分担的标准。

（三）规模效益理论指导下的高等教育体制改革分析

通常认为，社会主义市场经济体制相对于计划经济体制来说，是更有弹性、更有活力、更有效率的资源配置方式。高等教育资源更适合由市场配置的最关键原因是能够提高效益。因为只有提高办学效益，也就是更好地利用有限的人力、物力和财力资源，才能在经费短缺的情况下有效地提高教学质量、培养出更多更好的人才。如何向有限的高等教育资源要效益，便成为高等教育既能够适应社会主义市场经济体制又可以实现自我健康发展的关键问题之一。

高等教育的办学效益可以分解为内部效益和外部效益。外部效益，是指高等教育能否满足社会经济发展需要的程度；内部效益则是指高校人力、经费、设施等的合理使用状况，即投入产出情况。1986 年世界银行专家（包括我国专家）对我国部分高校进行了有关规模效益方面的分析，这标志着我国针对高校规模效益系统研究的开始。

在内部效益方面，主要是从管理、技术、劳动等的角度进行分析，一是从管理角度讲，在我国不论高校的规模和办学层次有何差别，在高校管理制度设计和机构设置上都具有“制度化同型性”特征，对小规模高校来说，就会形成行政效率低下的困境，而对规模较大的学校则会造成管理幅度不足的局面；二是从技术角度讲，高等院校的某些教学设备和设施具有很强的专业性和专用性，因而也具有不可替代性，在保证教学质量方面，这些教育资源是不可缺少的，但针对不同规模的学校，这些设备的使用效率上是不同的，小规模的学校会增加生均固定成本，规模大的学校由于投入先天不足而又不够用；三是从劳动角度讲，教育属于劳动密集型行业，这种密集型行业特点可以部分地解释为什么在高等教育经费开支中人员性经费始终占有较大比重，所以，提高高校人员用人效率对于缓解经费紧张的压力是不容忽视的。

在外部效益方面，由于我国高等教育是在半封建半殖民社会抵御外强的环境下产生，并在发展过程中深受计划经济体制影响，所以我国高校普通具有专业窄、规模小的特点。由此可供学生选择的课程有限，不能适应经济、社会的快速发展和劳动力市场的需求，从而造成用非所学，毕业生学成即失业，高等教育社会经济效益低的局面。

目前，调整后的高等院校的办学效益得到了提高，但由于规模效益的发挥是需要长期过程的，我们要充分认识到，一是院校调整为提高办学效益提供了必要的条件而不是充分条件；二是在院校进行实质性调整中，应充分考虑职责权限和重新界定和相应的利益重新调整。这是我们考虑中国转型期高等教育资源优化配置的必要前提。

（四）中国高等教育资源配置中的规模效益评论

根据高等教育经济学规模效益理论，适当的高等教育规模将产生最大教育效益。在优化高等教育资源时，应考虑的因素包括高等教育系统自身的发展规律、社会各系统之间的作用关系。换言之，我们在考虑高等教育规模效益时，既要考虑社会经济发展的需要，又要考虑城乡居民的切身需求及承受能力。

1. 经济社会的“二元化”与高等教育的“一元化”存在矛盾

由于高等教育体制设计的原因，我国高等教育在促进城乡二元社会的和谐发展过程中体现出了一元化特征。换言之，高等教育无论在人才培养、知识创新，还是社会服务等方面都很少兼顾到农业、农村和农民的发展需要。也就是说，高等教育资源集中在城市，并很难向农村流动。正是这个原因，才让高等教育表现出面向城市化的一元化特征。这就告诉我们，目前的高等教育“大众化”是不完全的，只是数量和比例上的“大众化”，而不是适应社会、经济发展需求的高等教育“大众化”。要想实现高等教育“大众化”实质化和有意义的进展，就必须面向包括农村居民在内的广大人民群众，应与我国的农村社会发展水平和实际社会需求相一致，应将具有区域性、职业性特点的高等院校作为高等教育发展的新的增长点，增加高等教育对农村的供给，满足农村对高等教育的多样化需求。因此可以这样说，我国转型期高等教育资源配置优化改革的下一步重要工作任务是认真解决经济、社会的“二元化”与高等教育的“一元化”矛盾。

2. 体现了制度变迁理论中的“后发外生性”特点

西方国家的高等教育“大众化”过程是在高等教育内外部环境成熟的条件下的一种自然过程。他们的高等教育“大众化”进程是在潜移默化的过程中进行的，充分体现了高等教育的学术性权利、市场的资源配置作用、政府的“建设者”作用和个人的社会需求。高等教育内在规定性在教育发展中得到充分体现，外部干预较少。而中国是“后发外生型”国家，国家和政府为了经济社会更好更快发展而整合教育资源，这种宏观调控本身是无可厚非的，但急于求成却会伤及我国高等教育本身。因此，可以这样看待我国的高等教育“大众化”，其意义不在于高等教育“大众化”本身，而在于通过高等教育“大众化”的发展，强化了高等教育在经济社会发展中的基础性、先导性和全局性作用，使“科教兴国”战略意图深入人心，将高等教育发展真正摆到了社会经济发展的突出位置。高等教育“大众化”及“普及化”是一个长期过程。按制度变迁理论分析，“后发外生性”因素也是制度发展完善的一个重要途径，也是促进高等教育可持续健康发展的重要动力。关键是在现有阶段，如何充分发挥政府在市场经济环境中的主导作用，对现有高等教育资源如何进行整合，并找到深化高等教育改革的制度变迁动力。

3. 我国高等教育“大众化”具有非均衡性特点

从我国东西部高等教育的状况来看，东西部存在明显的失衡现象。从产生原因讲，这有历史的、区域文化观念、区域经济发展水平的客观原因，也有政策执行失误的人为原因；从区域分布讲，我国现有的高校大都集中在省会等中心城市，中小城市和边远地区的高等学校存量很少；从发展的阶段讲，东部地区的高等学校大都进入“大众化”甚至是“普及化”阶段，中西部地区尤其是西部地区还停留在“精英化”阶段。从资源分配上讲，高等教育资源分配主要是针对城市居民及工业化建设，而针对农业及农产品升级的资源开发规模在整个高等教育资源比例则很少。高等教育发展的东西部及城乡的地域性差异，决定了我国高等教育大众化必然呈现出“非均衡”和“阶段性”的特点。这种非均衡特点也是历史的和计划体制下形成的。在我国转型期高等教育资源配置优化改革中，如何促进高等教育的均衡发展，也是我们现在需深入思考的问题。从上一章可知，我国的高等教育已逐步“形成以中央、省（自治区、直辖市）两级政府办学为主、社会各界参与办学的新格局”。在此种情况下，根据现有管理体制的安排，可加大中央财政的转移支付力度，用于补贴西部偏远地区高等教育的发展。另外，还要充分发挥省级政府在招生、专业设置的权力，有针对性地扩大具有区域专业特点的招生规模和投入。

4. 我国高等教育规模的未来走向

目前，我国的高等教育“大众化”一方面为我国的经济、社会发展、国民素质的提高起到了巨大的推动作用；另一方面也产生了政治、经济和社会的诸多压力。如高等教育的公平和效率问题、高等教育的质量问题、就业压力问题等等。通过以上分析可知，在巨大的人口压力面前，在巨大的经济、社会发展和民众对高等教育资源的需求与供给不足的矛盾面前，我国高等教育仍然需要较大发展。“发展是硬道理”的主旋律还不能停。

在发展道路上应与以前有所不同：应改变以往以扩大普通高校的招生数量为主要内容的规模扩张，转变到以国家办学为主体，民办高等教育、公有民办二级学院、中外合作办学、高等职业教育、网络教育等并举的多元化发展路径，依靠办学体制上的创新进行规模扩张。这样才能使高等教育适应社会经济发展需求，从而更具有容纳性和适应性；才能使高等教育资源配置突破现有体制的阻碍，通过市场来调动更多的社会资源投入高等教育发展。

二、中国高等教育资源配置的结构布局分析

大众化进程中的高等教育结构布局变化反映了近年来中国高等教育发展的水平和特点，从总体上揭示了中国在这一特定历史阶段高等教育资源配置情况。对高等教育结构布局的定义在中国大多数高等教育学的专著中都有论述，并且差别不大，“教育活

动的各种要素及其相互关系根据一定的比例和秩序所形成的系统”[①]；“系统内部各组成要素的关联方式和相互作用形式的相对稳定形态，就是系统的结构”[②]；“高等教育结构是指高等教育系统内部构成形态”[③]。综合上述各种定义，本文将高等教育结构定义为高等教育系统内部各要素之间相对稳定的联系方式和比例关系。由于高等教育系统内部各要素的复杂性和多样性，辅以不同的组合方式和比例关系，使得高等教育结构呈现为一个多方面、多层次的复杂体系，在这样一个体系中，高等教育的层次和布局结构是两个非常基本的结构，它们相对来说更加能够反映一定历史时期高等教育的发展特点。

（一）中国高等教育资源配置中的层次结构分析

层次结构中的本专科比例一直是高等教育结构中最重要的层次结构，也是高等教育结构研究的重点，因为它直接反映了一个国家在一定时期高等教育的重心所在，还反映了经济社会发展中的人才使用效率，直接影响到了中国高等教育的正常发展。

在高等教育扩招过程中，在绝对规模上本专科都有了大幅度提高，但此次扩招对于专科规模的影响要大于本科。这种变化与其他大众化进程中国家的情况相类似，但在我国有其特定的原因，一是成人高等教育出现了新的变化。在改革开放初期，由于

① 谢维和. 教育活动的社会学分析——一种教育社会学的研究［M］. 北京：教育科学出版社，2000. 247.

② 潘懋元. 新编高等教育学［M］. 北京：北京师范大学出版社，2002. 128.

③ 郝克明，汪永铨. 中国高等教育结构研究［M］. 北京：人民教育出版社，1987. 3.

过去高等教育整体发展的水平和规模限制，许多人在完成高中学业后便直接进入到了工作岗位，而随着高等教育的扩招，这些人又重新获得了接受高等教育的机会，从而有力地带动了专科规模的扩展；二是转型期的高等教育管理体制实行中央和省级两级管理以后，专科的招生管理和计划的自主权已经由中央政府下放到省、自治区和直辖市。在这种情况下，地方政府迅速加快了专科教育的规模。根据相关资料显示，我国目前的高等教育的层次结构呈梯次结构，符合社会需求对人才层次结构的理论模型。但是从高校毕业生就业市场反馈的信息表明，这种人才层次结构很难符合劳动力市场的需求。

就业市场的这一结构性矛盾可以从教育系统内和教育系统外两个方面分析。

系统内部的问题主要存在于专科的培养目标和培养机制上。一是 1999 年大规模扩招以来，中国专科培养出现了三种模式，即为适应生产、建设、管理、服务第一线需要的“技术应用型”、为成人教育和自学考试而设置的“大众型”和以“专升本”为培养目标的“本科压缠型”。这三种模式除第一种是社会真正需要的高级技术人才以外，其他两种的培养目标和规格与同专业的本科教育差异很小，仅是学术水平要求比本科低、修业年限比本科短，几乎毫无特色可言，这样的学生在劳动力市场上不受欢迎；二是一些职业教育的理念和师资水平较低，无法适应科技发展的要求，导致一些专科学校招生不满，毕业生就业困难。

而系统外的问题主要存在于重视学历、忽视技术性工作的文化传统，加上社会上许多人对高职高专的属性认识不清楚，结果导致社会用人部门所需要的各种不同层次、规格的人员比例失调，很难形成合理的社会人才结构和科研开发梯队，间接造成教育资源的浪费现象。[①]

（二）中国高等教育资源配置中的布局结构分析

转型时期高等教育资源配置中的布局结构分析是对高等教育的实体性要素，即不同学校和学生数量在空间位置上的分布及其相互关系的分析，它实际上是在办学层次的基础上引入的一个新的变量，这个变量对于高等教育资源配置的研究十分重要，一方面是因为它十分具体地反映了高等教育在不同地区发展的状况，以及在一个国家或地区的定位；另一方面也体现了高等教育以外的经济结构、人口结构和文化结构对高等教育结构的影响。

从上章对中国高等教育布局结构的变化及特点描述可以看出，高等学校的布局结构通过这次高等教育的大发展得到了进一步的调整和优化，特别是部分中等发达地区与欠发达地区高等学校的数量得到了增加，进一步适应和满足了这些地区社会、经济发展与人民群众接受高等教育的要求。在分析高等教育布局结构是否与当地区域经济发展相互促进时，我们引入 GDP 这个解释性变量，因为和其他因素比较而言，GDP 更具有可量化性。当然，高等学校设置的审批权目前仍然集中在中央政府，但审批的依据主要还是当地的经济发展水平和要求。因此，代表区域经济发展水平的 GDP 是评价高等教育布局结构是否合理的重要指标。主要是通过中国不同地区高等学校在校生的数量占全国高等学校在校生总数的比例，以及它们与各个地区 GDP 与全国 GDP 的比例之间的对比来说明。由此在一定程度上说明高等教育资源的布

① 岳武．转型期我国高等教育资源配置中的结构布局分析［J］．东北师大学报（社科版），2011（3）：201—205．

局结构与地方的经济发展是否相适应。即高校在校生规模比例低于GDP比例，反映的是高等教育发展水平落后于当地的经济发展水平，相反则是超过了当地的经济发展水平。以此为依据对高等教育资源的配置进行评估，对于这些地区高等教育的质量提高和经费合理使用，是有一定的帮助作用的，反过来也能在一定程度上促进地区之间社会经济发展。

在这里需要指出的是，仅从GDP的角度分析不同地区高等教育的布局结构和评价它们之间的差异是不够的，因为高等教育的发展一方面受经济发展水平的影响，另一方面也受社会需求的约束。这主要体现在社会、经济发展对高等教育所培养的人才的需要和人民群众对接受高等教育的需要。这种分析角度则会给我们认识中国高等教育的布局结构提供一个新的视角，即各个地方高等教育学生规模占全国高等教育学生规模比例，与所在地方适龄人口占全国适龄人口的比例之间是否保持一致。而且，这种把不同地区高等教育的规模与这些地方适龄人口的规模进行比较，也能够更加清楚地了解和认识中国高等教育的机会在不同地区的分布及这种机会的分布是否公平的敏感问题。①

（三）中国高等教育资源配置中的结构布局评论

在以上的研究中，我们通过我国高等教育结构布局中的层次结构和布局结构，勾勒出了中国高等教育资源在大众化进程中所发生的变化及原因，并可以作出一个基本的判断：我国高等教育自1999年“扩招”后，总体规模的扩张并没有改变高等教育原有

① 岳武. 转型期我国高等教育资源配置中的结构布局分析［J］. 东北师大学报（社科版），2011（3）：201—205.

的基本结构，只是在适应社会经济发展需求的应用学科与专业的结构上呈现出新的特点，表现为“存量决定增量”的发展与变化模式。当然，这样来评价中国高等教育大众化初期的结构变化是不够的。我们会针对当前高等教育发展中存在的问题，作进一步的评论。如中国高等教育大众化进程及其结构变化是否反映和符合中国的国情？为了回答这个问题，我们先从以下几点分析：

1. 中国高等教育的发展主体主要是一批地方性大学，同时也提高了少数学术水平较高的高等学校的办学质量与水平。通过中国高等教育大众化进程中的结构分析，我们可以发现，在这次扩招过程中，真正在中国高等教育规模扩大上发挥重要作用的是一大批地方性高校，包括一批专科层次的高等学校，而一批国家重点高等学校在学生规模上并没有发生太大的变化。国家对这些重点高校提出了新的要求，即建设一批重点学科、建设若干所世界一流大学的目标和一系列具体的政策，如“985 工程”、“211 工程”等，有力地推动了中国一批高水平高等学校的建设。从上述可以看出，中国高等教育大众化的发展战略总体上是适当的，并没有简单地把“大众化”理解为数量的扩张。实际上形成了一种在高等教育大众化进程中，高等教育的规模不断扩大与部分重点学科和重点大学的办学水平与质量持续提高的局面。这是合理的，既坚持了马克思主义方法论中的“重点与一般”的原则，即保证了高等教育的覆盖面，也保持了高等教育学术水平的“制高点”，也是符合我国国情的，即满足了民众对高等教育的一般性需求，也保证了国民经济发展对高等教育的特殊性要求。

2. 地方性大学的规模扩张并不是无节制的，而是与当地经济发展水平相适应的。在上述分析中可知，除个别大城市以外，绝大多数地方高等教育的规模占整个国家高等教育规模的比例，与这些地方GDP占整个国家GDP的比例是一致的，而没有出现高等教育发展规模普遍超越地方经济发展要求的现象。这当然与高等教育管理体制的变化有关，即已经逐渐转变为由省市一级地方教育管理部门进行管理和控制。这种体制上的变化对高等教育适应地方经济发展要求具有决定性的作用。这种决定作用一方面表现为地方经济的资源约束，另一方面表现为需求约束。具体讲，不管是高等学校本身所具有的容纳学生的能力的大小，也无论是各个地方高等学校学费的水平与标准，还是政府财政对高等学校的经费支持的能力等各种关系到高校经费的方面都于地方经济发展水平有关。因此，也可以说，资源水平对高等教育发展和结构变化的约束是非常重要的。从需求约束的角度看，特别典型的是劳动力市场对高等学校毕业生就业所能提供的空间与选择，对于高等教育发展成为了一个十分现实的制约。如招生规模的变化、学科专业结构的调整与变化，都与劳动力市场中高校毕业生的就业空间有十分密切的关系，甚至是一个根本性的因素。

3. 高等教育分层与评价标准的分级。中国的高等教育质量体系目前正处在一个逐渐分化并适当定位的过程中。按质量体系要求，将我国高等院校分为教学型、教学科研型和科研型三类大学。它们的培养任务各不同，教学型以培养本科生为根本任务；教学科研型或称应用型大学，主要培养应用技术的高层次开发人才；研究型大学以研究生教育为主，是精英教育。在当前高等教育“大众化”过程中，对高等教育质量下降的批评不绝于耳，我想这种批评既有现实的原因，也有长期以来中国精英高等教育的传统与惯性的影响。它突出的表现为单纯的以一种传统精英高等教育的质量标准去看待和评价所有不同层次的类型的高等教育；

或者以某种取向的质量标准去评价不同取向的高等教育系统。显然，这样是非常容易造成思想混乱的，甚至会对不同的高等学校形成一种非常不适当的压力和导向，进而形成一种恶性循环。[①]

三、中国高等教育资源配置的公平效率分析

公平与效率始终是教育资源配置的两个基本原则，也是教育资源配置取向的两个核心价值，导引着教育资源配置的政策制定，规定着教育资源配置格局的形成。1990年代以来，中国的高等教育发展取得了显著的进步，高等教育已经基本实现大众化、教育投入逐年增加、教育机会不断扩大、教育水平不断提高，具体体现在规模、结构、布局、质量和效益的各项指标中，这已经成为有目共睹的事实。但是，高等教育的快速发展并没有达到人们所期望的教育公平程度，高等教育的公平效率问题目前已经从单纯的学术领域转移到社会领域，成为国家政策和教育政策关于共建和谐社会的共同话题，成为我国经济、社会发展过程中无法回避且迫切需要解决的问题。

（一）中国高等教育资源配置的公平性分析

1. 高等教育资源区域分布公平性分析

教育基尼系数与教育洛伦茨曲线是用来衡量教育覆盖扩展平等程度与教育成就的。分配越是趋向平等，洛伦茨曲线的弧度越小，基尼系数也越小。各省市拥有的高等学校数量以及重点投入的学校数量是衡量该区域拥有高教资源的重要指标。该指标一方

① 岳武．转型期我国高等教育资源配置中的结构布局分析［J］．东北师大学报（社科版），2011（3）：201—205．

面显示该省市分配到的接受高等教育机会；另一方面，还与该省市享受到的高等教育带来的种种效益相关。本部分资料以2010年教育部公布的各省市拥有的高校总数（具有高等学历教育招生资格的普通高校）和各省市的优质高校（“211工程”高校）的数据为依据，做出2010年普通高等学校地区分布的洛伦茨曲线和“211工程”高校地区分布的洛伦茨曲线，并求出相应的基尼系数分别为0.196、0.585。对比洛伦茨曲线的形状和基尼系数，可以清楚地知道，优质高教资源的区域不公平比总体高教资源的不公平更为突出。优质高教资源主要集中于北京、上海、江苏、湖北四省市，这种分布是由历史文化、经济、国家政策等因素共同作用形成的。处于优质高校密集或者高校数量较多地区的适龄成员比其他地区的适龄成员享有更多的接受高等教育或优质高教的机会，这种不公平不但会侵害公民平等接受高等教育的权利，而且会产生马太效应，加剧各地区教育、文化、经济发展的不平衡。[①]

2. 不同收入阶层享受高教资源的公平性分析

本书通过不同收入阶层占总人口比重与来自该收入阶层的大学生占大学生总数的比重的关系来分析高教资源配置的公平程度。本部分资料以2002年上海财经大学公共政策研究中心对10000余名在校大学生的数据统计为依据，样本相对平均涉及全国31个省、市、自治区。数据整理统计了不同收入阶层拥有的本科生数量、研究生数量和博士生数量（表略）。数据一方面显示高校招生规模扩大后，高收入阶层中的子女占学校总人数的绝对比重；另一方面显示，随着学历层次的提高，高收入阶层中的子

① 占绍文．我国高等教育公共资源配置现状分析［J］．理论导刊，2008(3)：91—92.

女的比重也在增加。从中可以发现，我国虽然已进入到高等教育大众化阶段，越来越多的人本应可以享用高等教育的公共资源。但是，随着高校收取费用的上涨，低收入家庭子女入学的可能性却越来越小了。高校的收费政策应该作适当的调整以确保社会公平的实现。[①]

3. 不同层次高校公共资源配置的公平性分析

我国高等学校按类型和层次进行划分，最高层次是“211 工程”和“985 工程”重点高校。截至 2008 年底，我国“211 工程”重点高校 107 所，“985 工程”重点高校 38 所。这些重点高校在资金投入和政策倾斜方面都得到国家的支持，国家每年拨巨额专项资金对“211 工程”和“985 工程”高校进行重点扶持。这一方面有“穷国办大教育”在政策方面的合理性，另一方面也有教育起点不公平的特点。[②] 这个结果可以通过与其他类型学校在土地建设面积、人力资源状况、学位点情况、图书藏量、科研及实验室、学生人数等几个方面进行比较得出。可以看出，我国高等教育政策倾向于将更多的公共资源、财政经费配置给“211 工程”和“985 工程”重点高校，一是保障其地位，二是提升其办学效益，这是国家建设一流大学的目标体现。这凸现了公权力在高等资源配置中的不公平性。

（二）中国高等教育资源配置的效率性分析

高等教育资源配置的效率包括高等教育资源投入结构、数量

① 刘微. 怎样看待大众化的高等教育［N］. 中国教育报，2007-01-22.

② 李慧. 实现我国高等教育机会均等中的政府责任研究［D］. 中国石油大学，2009.

界限和教育产出的社会需要程度。根据高等教育资源配置效率的特点又可分为内部效率和外部效率两个方面。内部效率是指高等教育领域中投入与产出比，外部效率是指高等教育资源配置给物质生产部门所带来的收益。本节将就不同地区、不同层次高校资源配置的相关产出成果进行简要分析如下。

1. 用明瑟收益率来比较各地区高等教育资源投入效率

明瑟收益率（Mencerian Rate of Return）是利用明瑟收益函数计算的教育边际收益率。明瑟收入函数模型包括两个基本的变量：教育和工作经历及其平方。实证模型中教育变量的系数就是教育的个人收益率（明瑟收益率），其含义为多接受一年教育（不考虑教育水平）可引起的收入增加的比率。如果把基本收入函数中的连续变量分成一系列教育水平虚拟变量，就可以根据这些虚拟变量系数的比较，确定不同水平教育的收益率。[①] 同样采用上海财经大学公共政策研究中心 2002 年的调查数据进行分析可知，东部地区劳动者明瑟收益率在 9.3%—11%之间，中、西部地区分别为 8.3%、10.6%。在相同学历的情况下，东部地区劳动者收入要明显高于中、西部地区劳动者的收入，这和地区经济发展水平有关。教育的个人收益率较高，则这些区域的人们更愿意投资教育，国家的教育资源配置在这里的效率相对也较高。但如果因此继续将教育资源向这些地区倾斜，随着教育收益率递增，这些地区将加大收入差距。

2. 不同层次高等教育资源配置的效率分析

生师比、专任教师比和生均拥有高级职称教师比等三个指标

---

① 李文利，闵维方．我国高等教育发展规模的现状和潜力分析 [J]．高等教育研究，2001 (3).

可看作是高校人力资源指标。生师比反映了教师配备利用是否充分的指标。专任教师比反映了教师在教学活动中和学校工作中的地位。生均拥有高级职称教师比是一个间接反映人才培养质量的效率指标。参考目前世界上平均生师比值 15∶1，专任教师比值 0.67∶1—1∶1，可以清晰地发现，我国高等教育资源利用效率整体较低，且我国高等教育公共财政资源有很大一部分并非用于教学科研。毕业生一次就业率指标可反映出高等教育与社会经济发展的适应程度，数据主要采用北京大学“高等教育规模扩展与劳动力市场”课题组在 2005 年 6 月下旬对全国高校毕业生就业状况调查研究的结果。结果显示“211 工程”重点大学的毕业生就业率和起薪区域明显高于普通本科院校。

（三）我国现阶段高等教育财政政策中的“公平和效率”分析

在社会主义市场经济条件下，根据高等教育的准公共产品属性理论及成本分担与补偿理论，我国政府的高等教育财政投入属性应充分体现初级阶段国情和社会主义办学性质，既要促进高等教育的公平与均衡发展，又要努力提高办学效率。从我国目前的教育政策层面看，应合理调整高等教育的结构、布局；构建政府和社会办学的分工合作互动机制，缩短政府教育投资战线；规范高等教育成本补偿制度，改革高等教育收费行政审批体制。

在促进教育公平方面，2007 年，国务院颁布了《关于建立健全普通本科高校、高等职业学校和中等职业学校家庭经济困难学生资助政策体系的意见》，针对经济困难家庭的学生助学资助政策体系进入了一个全新时期，高等教育入学率的均等化程度有了显著提高，在一定程度上促进了入学机会的平等。

在提高办学效率方面，上世纪末在“共建、调整、合作、合并”八字方针指导下，我国对高等教育管理体制进行了改革，并提出了“985 工程”、“211 工程”及“高等学校本科教学质量与教学改革工程”项目，这都是提高办学效率的传统方法。伴随高校“扩招”带来的学生数膨胀，国家财政对高等教育的投入显得力不从心。由此可见，在增加教育投入进行规模办学的同时，还应将工作重心放在提高资金的使用效率上。由于对教育工作成本核算与效率分析的忽视，教育经费的拨付标准并没有严格的规定，在教育经费短缺的情况下还存在着教育资金浪费的问题。

对高等教育办学效率的计量分析有多种，这里向大家介绍一种近年来在工业领域开始使用的随机前沿分析法（SFA）。随机前沿分析法最早出现在 1977 年关于生产前沿的文章中，它采用混合残差结构，基于最大似然估计，基本模型可以表示如下：

$$Y=f(X;\beta)\cdot\exp\{v-u\}$$

其中，Y 是产出，X 是投入向量，β 是参数向量。残差项的第一部分 v 服从正态分布 [$v\sim N(0,\sigma_v^2)$]，描述的是统计噪声。残差项第二部分 $u\geqslant 0$ 用来描述技术不效率的影响，当 $u=0$ 时，厂商恰好在其随机生产前沿（[$f\cdot(X;\beta)\cdot\exp\{v\}$]）上生产，当 $u>0$ 时，厂商的生产则达不到其随机生产前沿。此后研究人员提供了对样本中每个厂商的技术不效率的估计方法——计算条件分布 [$u_I\mid v_I-u_I$] 的期望或者众数。至此，随机前沿分析法可以估计每个厂商的具体效率情况。

只要将“不效率”残差 u 的符号变为负，就可以将随机前沿模型转换为随机成本模型，如下：

$$E=C(Y,W;\beta)\cdot\exp\{v+u\}$$

其中，E 是支出，[$C(Y,W;\beta)\cdot\exp\{v\}$] 是随机成本

前沿，u 代表成本不效率。同样，当 $u=0$ 时，厂商恰好在其随机成本前沿（$[f(X;\beta)\cdot\exp\{v\}]$）上生产，当 $u>0$ 时，厂商的生产则达不到其随机成本前沿。[①]

（四）中国高等教育资源配置中的公平效率评论

1. 基于转型期、大众化的高等教育公平效率的提问

根据教育公平的一般假设，一个国家和社会教育机会的公平程度和水平，与整个国家和社会教育发展的整体水平是联系在一起的。换句话说，教育公平的程度常常会随着整个社会、经济的发展和教育的不断发展而逐渐提高。相反，在整个社会教育投入非常低、规模非常小、教育机会有限的情况下，教育资源主要是向少数人倾斜，被少数人占有，因而会是十分不公平的，这是社会、经济发展与教育公平的一般规律。然而历史和现实告诉我们，在经济发展较为落后的时期，整个社会和人们对教育公平的要求与批评并不十分强烈。相反，对目前的高等教育公平的关注和批评却越来越多，甚至有人认为，高等教育发展不仅没有改善教育公平，反而是引发了更大的教育不公平。

显然，这个问题用现有关于教育公平的理论是不能完全解释的。需要我们结合新的教育改革与发展的实际，以及相关的其他社会经济方面的理论进行深入的研究和挖掘。

2. 基于转型期、大众化的高等教育公平效率的理论假定

公平与效率是高等教育追求的两大目标，也是当前我国转型

① 岳武．我国现阶段高等教育财政政策分析［J］．现代教育科学，2010（3）：57—60.

期高等教育资源优化配置改革的评价标准。梳理三十多年改革开放的历史脉络，从“效率优先、兼顾公平”到“兼顾效率和公平”，再到“更加注重社会公平，加大调节收入分配的力度”及至今天的“共享改革成果，兼顾各方利益”，都充分说明社会主义实践永远离不开对道德原则和效率机制的科学把握。[①] 如何处理好公平与效率的辩证关系已经成为我们深入推进中国转型期高等教育资源配置改革的关键环节和步骤。

伴随我国社会主义市场经济的完善和发展，我国高等教育的管理体制、办学体制和投资体制都在发生着变革。在市场经济条件下的高等教育资源配置中，多元的利益主体之间的责任和义务关系，在社会主义初级阶段基石上呈交织盘杂状态，各种社会问题均呈非均衡性特点，难以统一标准。宏观的“社会本位”价值观正在被微观的“以人为本”价值观所打破，并以“实现每个人的自由和全面发展”为最终目标。因此可以说，在社会主义市场经济条件下，每个高等教育工作岗位的权利和义务的充分体现，就是高等教育发展的立体公平和全面效率。这种概念假定将社会学、经济学和教育学层面的理论探索，统一于每个社会成员和团体的具体工作生活中。这将有助于我们回避长期以来在公平效率问题上的纷争和内耗，有助于我们明确以此概念为基础的社会主义市场经济制度建设方向。

---

① 吉林省教育科学院课题组．科学发展观下吉林省高等教育发展战略研究报告．［EB/OL］．http：//www．com/content/09/0904/09/161254_5565845．shtml

四、中国高等教育财政政策分析

我国目前正处在体制深刻转换、结构深刻调整、社会深刻变革的重要历史时期，高等教育事业面临国际化、市场化和大众化的挑战，已成为利益冲突较为集中的领域。在建立和完善与市场经济相适应的教育体制过程中，高等教育财政是高等教育事业发展的基础。为提高我国高等教育的办学效益，我们应积极研究现阶段高等教育财政的政策目标和政策执行情况，积极促进“教育公平”的实现和“教育质量”的提高，这个过程可以归纳为以政策推进和制度建设规范市场秩序、确立市场规则的过程。

（一）中国高等教育财政政策的现状

1998 年颁布的《高等教育法》改变了我国高等教育经费的来源结构，将高等教育多渠道筹措办学经费的新格局明确地纳入了法制轨道，促使以往一元的政府投资，向国家、社会、学校、学生家长或个人多元投资的方向转变，政府的投资也由规模为主的“平均主义”方式，向以结果为导向的绩效预算拨款方式转变。按照我国现行的政府数据统计口径，教育经费包括财政性教育经费[①]和非财政性教育经费[②]。

在财政性教育经费投入上，《中华人民共和国教育法》第五

---

① 财政性教育经费主要包括国家财政预算内经费、各级政府征收用于教育的税费、企业办学经费、校办产业和社会服务用于教育的经费及其他属于国家财政性教育经费。

② 非财政性教育经费主要包括社会团体和公民个人的办学经费、社会捐集资办学经费、学生家庭和个人学杂费等。

十四条规定："国家财政性教育经费支出占国民生产总值的比例应当随着国民经济的发展和财政收入的增长逐步提高。全国各级财政支出总额中教育经费所占比例应当随着国民经济的发展逐步提高。"第五十五条规定："各级人民政府的教育经费支出，按照事权和财权相统一的原则，在财政预算中单独列项，各级人民政府教育财政拨款的增长应当高于财政经常性收入的增长，并使按在校学生人数平均的教育费用逐步增长，保证教师工资和学生人均公用经费逐步增长。""三个增长"、"两个比例"和"教育经费单独列项"的规定反映了国家对教育经费投入的重视，成为衡量中央和各级地方政府的教育财政支出的标准，对我国的财政性教育经费增长起到了积极作用。

高等教育投资体制改革中政府投资作用的变化不仅体现在各级政府的责任和权力的划分、投资的数量和结构等方面，而且也体现在对高等教育拨款方式的转变上。我国的教育财政拨款方式的改革分为三个阶段，第一阶段是 1949 年到 1985 年，主要以"基数加发展"方式分配经费，即以各校前一年度所得的事业经费份额为基数，考虑当年各项发展的需要和国家财力的可能，确定当年的事业经费分配数额；第二阶段从 1985 年至 2002 年，实行"综合定额加专项补助"的分配方式，即在根据各类学生的在校生数和各种不同定额标准，计算确定经费预算基本数基础上，补充学校因特殊要求所需的专项补助；第三个阶段从 2002 年开始至今，施行"基本支出预算加项目支出预算"模式。其基本要求是"部门的预算外收入全部纳入预算管理或财政专户管理，收支不挂钩，支出要透明"，强化国家对各行政部门的财务控制，从而达到在源头上、制度上预防和治理腐败的目的。

在国家财政体制改革以及高等教育体制改革总目标的推动和

作用下，高等教育投资政策发生了深刻的变革，尤其在“综合定额加专项补助”阶段，各级财政部门积极支持高等教育的内涵式发展，开始调整财政投入结构，重点支持了高等学校的“985工程”、“211工程”及“高等学校本科教学质量与教学改革工程”，仅“高等学校本科教学质量与教学改革工程”，从2006年到2010年，中央财政就安排了25亿元专项资金。这被认为是对重点高校专项投入的标志性事件，更被认为是在高等教育界开启了政府目标管理方式的先河。我国的高水平大学和重点学科建设由此取得了重大进展，“十五”时期，我国高校获得的国家自然科学奖、技术发明奖和科技进步奖的获奖比例分别占总数的55%、64%和54%，高校成为了国家创新体系的重要组成部分、高层次人才培养的摇篮。

在非财政性教育投入上，由于世界各国的制度环境和文化传统存在差异，决定了各国在高等教育融资的制度安排上也存在着差异。在收取学杂费方面，1993年的《中国教育改革和发展纲要》正式将“收取非义务教育阶段学生学杂费”纳入多渠道筹措教育经费的投资体制中；在多渠道筹措教育经费方面，《中华人民共和国教育法》第六十条规定：“国家鼓励境内、境外社会组织和个人捐资助学。”第六十一条规定：“国家财政性教育经费、社会组织和个人对教育的捐赠，必须用于教育，不得挪用、克扣。”第六十二条规定：“国家鼓励运用金融、信贷手段，支持教育事业的发展。”在民办高校的举办方面，2002年，我国颁布了《民办教育促进法》，使民办教育获得了相应的法律地位，改变了其在高等教育发展中的政策、舆论和生存的环境。

（二）中国现阶段高等教育财政政策分析

伴随社会主义市场经济的发展，透过“三级举办，二级管理”的高等教育管理体制和多元化的高等教育经费筹措机制，可以清晰地看到我国高等教育财政面临的成绩与挑战，在缓解高等教育经费紧张的矛盾、支撑高等教育的规模扩张、赋予高校发展自主权的经济基础、推动高等教育类型和结构多元化发展的同时，也存在着政府财政性拨款总量不足和结构不合理、学校债务危机严重、家庭和个人学费负担过重及社会融资渠道不畅的新问题。如何从综合的视角对高等教育财政问题背后的影响机制进行分析，促进不同利益相关群体之间的对话和理解，是每位教育工作者不可推卸的责任。

1. 我国现阶段高等教育财政政策中的各投融资主体责任分析

在社会主义市场经济条件下，根据高等教育的准公共产品属性理论及成本分担与补偿理论，政府对高等教育的发展承担主要的财政投入责任，其属性应充分体现我国的初级阶段国情和社会主义办学性质及时代要求，即注重高等教育的公平与均衡发展及“三个面向”的办学方向；高等学校运用市场进行融资，其属性应充分体现“探究学术、传播知识、培养人才、服务社会”的要求，即注重高等教育的质量和效益及社会服务功能；个人按照“利益获得原则”分担教育服务成本，依据“能力支付原则”承担不同程度的学杂费。

依据高等教育投融资主体的不同属性，我们可以明确高等教育投融资结构中不同主体的投融资目标、理念、对象和原则。一是从保障高等教育经费供给的角度分析，投资主体一元到多元的发展，从制度上拓宽了经费来源，促进了教育经费总量的增长，但从表15发现，政府的国家财政性教育经费绝对总量在逐年下降，而家庭、学生和个人所缴纳的学杂费比例逐年攀高，社会捐集资比例过低，这不仅加重了学生和家庭的负担，而且也不利于高等教育的健康发展，如何保证各投融资主体的投融资数额按适当比例持续增长，如何坚持政府办学的投融资主体地位，则是我们应深入思考的问题；二是科学列支财政性教育经费，不仅可以确保高等教育投融资中政府的主体地位，而且也有助于坚持政府办学的“公平和效率”原则，从保障和构建高等教育的教育公平角度分析，政府应从财政性教育经费中划分出高校基本经费和贫困学生的资助经费，这两种经费采用“扶持弱者”的资助方式互为补充，以保证高等教育教学质量和受教育机会平等为目的；从提高和保持高等教育的教育效率角度分析，高校只有形成特色优势才能有效服务社会，政府应从财政性教育经费再划分出直接拨付给高校中具有发展潜力的项目扶持经费和奖学激励性经费，这两种经费采用“扶持强者”的资助方式互为补充，追求高等教育对社会经济发展的贡献率，体现高等教育的发展效率；三是从保证高等学校社会融资的角度分析，高校只有通过教育质量和社会服务，才能得到社会的认可，才能得到社会的大量融资，但从高校经费来源现状可以看出，高校主体地位不落实是制约高校实现办学经费来源多样化的关键所在；四是从受教育者合理分担教育成本，保证学习积极性角度出发，应深入探讨科学计量高等教育成本的问题，这不仅关系到我国教育财政政策中各投融资主体的责任划分，而且也关系到教育经济学的学科发展。

表 15 1995—2005 年高等教育经费的构成比例（%）

年份	国家财政性教育经费	学费收入	其他事业收入	社会捐、集资收入	其他收入	校办企业社会服务收入
1995	70.9	13.6	——	1.6	4.3	9.7
1996	70.0	14.4	——	1.7	5.2	8.7
1997	67.6	15.7	——	2.3	5.6	8.7
1998	64.9	13.4	13.1	2.1	6.4	2.1
1999	61.0	17.2	12.8	2.3	5.0	1.8
2000	56.7	21.3	13.4	1.7	5.1	1.8
2001	53.6	24.7	13.3	1.5	5.5	1.4
2002	50.7	27.0	14.4	1.9	4.8	1.1
2003	48.6	30.0	12.8	1.5	5.9	1.1
2004	47.1	32.4	12.1	1.1	6.2	1.1
2005	42.8	31.1	12.0	0.8	6.3	——

数据来源：1995—2005 年各年教育经费统计年鉴

我国高等教育在总体上呈现出东部高于中部、中部高于西部的非均衡发展格局。西部地区的高等教育经费严重不足，办学条件差，教师待遇低，专业技术人员流失严重。在现行三级（中央、省、地市）办学与管理的体制下，要实现区域高等教育的均衡发展，各级政府就要加强对利用金融政策、公共财政政策、必要的产业政策和可行的创新政策进行区域调控的研究。

2. 我国现阶段高等教育财政政策的“需求和供给”分析

在我国高等教育的改革和发展中，如何解决人们对优质高等教育的强烈需求与供给不足之间的矛盾、如何把有限的社会资源用于教育，是政府和高等教育机构普遍关心的问题。研究高等教育财政的“需求和供给”政策有助于调节教育发展的速度与规模，提高教育的质量和效益，推动我国教育健康平稳地发展。

关于我国现阶段高等教育经费需求总量的预测，陈晓宇和陈良焜（2002）从宏观角度进行估算，基本是以适龄人口中接受高等教育的人数和生均经费支出为基准来预测未来的教育经费需求总量；从微观角度进行估算，基本是依据高校的教学和科研两大功能，并结合现行的高校财务制度进行估算（李文利，2008），基于成本结构的经费需求进行分析预测（表 16）。以上两种分析法各有利弊，总量预测法是基于人口模型、高等教育规模和生均经费变动情况对未来高等教育经费需求总量进行预测，可方便地与高等教育经费供给能力进行比较。成本分析法是使用高校样本数据，其计算结果与实际情况比较接近，不像总量预测法那样易产生误差，但是易过分强调各学校间经费的水平公平性，忽视学校间办学成本支出差异。

表 16　按高校功能划分的全口径经费支出成本要素及其影响因素

成本要素	明细项	可能的影响因素
教学支出	教学人员支出和补助支出	教师数、高职称比
	教学公用支出	学科类别、学生当量数
科研支出	科研人员支出和补助支出	科研人员数、高职称比
	科研公用支出	重点实验室和重点学科数
业务辅助支出	教辅人员支出和补助支出	学生当量数
	业务辅助公用支出	学生当量数、学科类别

续 表

行政管理支出	行管人员支出和补助支出	行管人员数、高职称比
	行管公用支出	学生当量数
后勤服务支出	后勤人员支出和补助支出	后勤人员数、校舍面积
	后勤服务公用支出	校舍面积
学生事务支出	事务人员支出和补助支出	学生当量数
	事务公用支出	学生当量数
离退休人员支出	保障人员支出和补助支出	离退人员数
	保障公用支出	离退人员数
其他事业支出	人员支出和补助支出	其他人员数
	公用支出	学生当量数
固定资产购置和大修费用	根据一定年限折旧分摊	校舍面积、校园面积、实验室数量

注：根据教育部有关规定，学生当量数按以下比例折算。本科生：硕士生：博士生：留学生：预科生：进修生：成人脱产：夜大：函授＝1：1.5：2：3：1：1：1：0.3：0.1

关于我国现阶段高等教育经费的供给分析。如表 15 所示，一是校办企业社会服务收入占高校总投融资比例较低，这说明在计划经济向市场经济转轨过程中，校办企业同样面临着从依附于学校向更加市场化的方向转变，面临学校办企业的理论突破；二是与发达国家相比，我国的社会捐集资收入比例过低，1999 年颁布了《中华人民共和国公益事业捐赠法》，但捐赠免税部分曾一度受限，2004 年下发的《财政部、国家税务总局关于教育税收政策的通知》，规定向高等教育捐赠可以获得全额免税，预计高等教育的捐赠比例一定会得到提高；三是学杂费逐年攀升，已成为受教育者及其家庭的沉重负担，应加强高等教育学生资助政策研究。

民办高等教育基本上采用以学费养教学的模式维持日常运行。《中华人民共和国教育法》、《〈中华人民共和国民办教育促进法〉实施条例》虽然对民办高等教育的发展进行鼓励，但并没阐述清楚不同办学模式和性质的高等教育机构在责任、权利和义务上的异同，出资方投资回报的取向和教育的公益性之间存在不和谐和模糊性，限制了民办高等教育的进一步发展。

为满足高校规模扩张带来的增建校舍等基建需求，2000 年后高校纷纷从银行贷款，2007 年超过了 2000 亿元，个别高校超过了 20 亿，贷款较高的高校已无力偿还巨额本金，并被每年的利息压得喘不过来气，靠银行贷款负债经营是一种不可持续的融资取向，应积极加强高校财务预警机制的研究及政策的出台。

五、中国高等教育法制环境建设分析

"'文化大革命'十年浩劫，法制遭到严重破坏，法律成为被批判的对象，教育成为重灾区，遭到严重破坏，教育管理陷于瘫痪，教育法制建设的成果更是荡然无存。'文化大革命'的教训证明：完善法制是国家稳定和持续发展的根本保障，没有法制，各项社会事业都难以顺利发展，甚至会倒退。"[①] 改革开放以后，在吸收"文化大革命"惨痛教训的基础上，从高等教育的学位制度开始，逐步建立起了中国教育法律制度。

---

① 李国钧，王炳照．中国教育制度通史（第 8 卷）[M]．济南：山东教育出版社，2007，120.

（一）中国高等教育法制建设的背景与作用

1. 中国高等教育法制建设的外部因素

高等教育法制建设是与我国总体法制建设和高等教育的发展密切相关的。改革开放以来，我国民主与法制建设的进展是推动高等教育法制建设发展的重要外部环境。1982 年 12 月 4 日，第五届全国人民代表大会第五次会议通过的《中华人民共和国宪法》奠定了我国法制建设的基石。伴随着改革开放进程的深入，我国正式提出了依法治国的理念。这些认识和实践经验，集中反映在 1999 年通过的《中华人民共和国宪法修正案》当中。高等教育事业作为重要的公共性事物，顺应时代发展的趋势。加强高等教育法制建设，势在必行。

2. 高等教育法制建设发展的内在动力

目前，我国的高等教育已经成为世界上规模最大的高等教育系统。随着高等教育规模的迅速扩大和办学理念的变化，我国高等教育领域的改革不断深化，需要依法调整的权利义务关系越来越复杂，越来越多样化。政府、高校、教师、学生与社会其他主体之间的关系，错综复杂，纵横交错。面对日益庞大和复杂的高等教育体系、多样化的高等教育主体及多层次的高等教育改革要求，特别是依法行政的要求，需要法律层面的规范，从而对高等教育制度建设提出强烈要求，这成为推进高等教育法制建设的内在动力和推进我国高等教育健康发展的现实需要。

3. 高等教育法制建设的作用

高等教育法制建设的发展所带来的最大变化是我国高等教育的稳定发展和各主体权利的重视和保障，可以概括为以下五个方面：一是形成了保障高等教育健康发展的制度体系。包括《学位条例》、《教师法》、《教育法》、《职业教育法》、《高等教育法》、《民办教育促进法》、《社会力量办学条例》、《民办教育促进法实施条例》、《中外合作办学条例》、《普通高等学校学生管理规定》等规范高等教育的法律、法规和规章，为我国高等教育依法行政奠定了制度基础，也为高等教育进一步转型和改革发展奠定了法制基础；二是明确了高等教育投入的法定渠道。改革开放之初，高等教育的投入只有单一的政府渠道。1997 年国务院颁布的《社会力量办学条例》促进了我国民办高等教育的发展。1998 年颁布的《高等教育法》逐步建立起高等教育成本分担机制。2003 年施行的《民办教育促进法》使民办高等教育的发展有了进一步的法律保障。此后高等教育进入了快速发展时期；三是促进了高等教育管理体制的改革与完善。1985 年 5 月颁布的《中共中央关于教育体制改革的决定》、1993 年 2 月印发的《中国教育改革和发展纲要》和 1995 年 7 月印发的《关于深化高等教育体制改革的若干意见》，提出要建立有利于高等教育事业发展和改革的新的高等教育管理体制。经过一系列改革，我国基本形成了中央与省（自治区、直辖市）两级管理，以地方统筹为主，实行政府宏观管理、学校面向社会自主办学的新型高等教育管理体制，形成了高等教育管理体制的法律制度，改变了原有的中央、部门办高等教育及条块分割的体制。四是高等学校的法律地位得以确立。《高等教育法》中明确高等学校具有独立法人地位，并规定高等学校在招生、专业设置、教育教学、科学研究、内部机构设置和教师聘任、财产管理和使用等七个方面享有自主权。这些规定明确了政府与高等学校之间的基本法律关系，随着法制进程的深入，这种关系正逐步趋向清晰和明确。高等学校办学自主权已经具有法律意义并成为受到法律保护的法人权利。

（二）中国高等教育法制建设的主要经验与发展方向

高等教育的法制建设，为我国改革开放三十年来高等教育事业的发展提供了基本的制度保障，促进了我国高等教育事业健康平稳发展，积累了丰富的经验。主要有以下几个方面：一是处理好政府、高校与市场的关系，构建良好的制度平台，明确和规范高等教育领域各方的权利义务关系。政府与高校的关系是高等教育管理领域中一对基本的社会关系，是我国高等教育法制建设的重要内容。随着我国高等教育体制的改革，政府由原来的举办者、办学者和管理者三者统一的角色转向举办者的角色，把办学的权利更多地赋予高等学校，并且积极引进社会力量举办高等教育机构。正确处理高校与市场关系，对于保证高等教育的健康发展是一个关键性因素。在我国高等教育法制建设中，《教育法》、《高等教育法》和《民办教育促进法》都将高等教育机构定位为公益性高等教育机构，明确了高等教育机构的公益性质。随着社会主义市场经济的建立，高校作为社会的一个具有独立法人性质的基本单位，不得不面对市场，处理好和市场的关系；二是保障公民接受高等教育的权利是高等教育法制建设的出发点和落脚点。我国宪法明确规定：“中华人民共和国公民有受教育的权利和义务。”《高等教育法》进一步规定：“公民依法享有接受高等教育的权利。”并且规定“家庭经济困难的学生，可以申请补助或者减免学费”。国家设立了高等学校学生勤工助学基金和贷学金，并鼓励高等学校、企业事业组织、社会团体以及其他社会组织和个人设立各种形式的助学金，对家庭经济困难的学生提供帮助。我国宪法、法律、法规和规章对于保障公民依法平等地享有高等教育机会的原则和规定，体现了以人为本的立法出发点，在高等教育实行成本分担后，这些原则的贯彻实施显得尤为重要，对促进教育公平，实现社会和谐发展具有重要作用，这是我国高等教育法制建设的成功经验；三是落实高等学校办学自主权，推进高校法人制度建设是高等教育法制建设的重要内容。1995年颁布的《教育法》第三十一条第一款规定："学校及其他教育机构具备法人条件，自批准设立或登记注册之日起取得法人资格。"1998年颁布的《高等教育法》第三十条规定："高等学校自批准设立之日起取得法人资格。高等学校的校长为高等学校的法定代表人。"明确了我国高等学校是相对独立的办学主体，高校和政府的法律关系从内部行政关系变为外部行政关系，改变了政府作为高等教育的举办者、办学者和管理者三者合一的角色，极大地促进了高等学校的办学主动性。

第二节 政府在高等教育资源配置改革中的角色定位

中国是世界上人口最多的国家，客观上存在着世界上最庞大的高等教育需求和最有限的高等教育供给之间的矛盾。解决这一矛盾，就必须发挥市场在教育运行中的作用，改变单一的政府行政计划主导教育运行的体制和机制，充分发挥市场在教育资源配置、人才培养方面的适度调节作用，这是调配教育资源和对整个社会资源进行合理配置的必要手段。

一、政府是高等教育资源配置改革的推动者

按照制度学派的理解，政府是最主要的制度提供者之一，制度创新与政府行为密不可分，在制度演进中，政府行为改变程度意味着制度创新的程度。市场机制介入高等教育资源配置市场后，政府、高校和受教育者之间的关系具有了新的内涵，教育政策的角色和作用也不可避免地被赋予了新的意义。

改革开放以来，虽然政府职能转变取得了一定成效，但从总体上看，在计划经济体制下形成的全能型政府职能仍在社会、经济生活中发挥着主导作用。目前，阻碍中国高等教育资源配置改革的诸多问题越来越呈现制度性特征。因此，政府要以制度建设为中心工作任务，充分发挥制度建设者的作用，这样才能保障高等教育资源配置改革顺利进行。

基于以上考虑，我国深化高等教育资源配置改革应该是：建立有限教育行政和有限教育市场的现代公共教育制度，加快政府职能转换，提高政府驾驭市场经济的能力，推动全能政府成为有限政府，职责不清的政府成为职责明确的政府，在依法治教的治理框架下，综合应用法律、经济、信息和必要的行政手段推动教育跨越式发展。

具体而言，一方面是在公共教育体制内部，理顺中央与地方、政府与学校的关系。中央向地方下移教育管理权限，尤其是学校依法办学的自主权应得到增强，同时也伴随着责任和利益的相应增加。另一方面是教育体制内部的权力向体制外的私人领域和社会领域分化，大力发展民办教育。

二、政府是高等教育资源配置制度的设计者

在高等教育资源配置中引入市场机制以后，教育公平会出现新的情况，一是教育资本会在地区之间、学校之间、个人之间造成教育资源配置的不公平；二是高等教育资源的准公共产品属性将使传统的公共教育体制发生动摇；三是多元体制下的各办学主体的法律地位会有所改变。

市场承认多样化利益要求的存在，高等教育资源配置制度如果不能反映人们多样化的利益要求，就会失去公平性。在效率和公平之间，追求效率的目标更多的是依靠市场来实现，政府对于市场的责任就是解决市场失灵所带来的问题。政府对社会和公众的责任是保障社会公平，追求教育领域的社会公平是政府基础性的、永恒的责任。

提供高等教育资源公平服务是指，对高等教育领域的建设和投资，保持其按国家需求、全体国民公共需求和高等教育自身规律可持续发展，形成一个公平教育的社会环境，实现社会高等教育总需求和总供给在总量和结构两方面的基本平衡。主要是在理顺主体关系、提高规模效益、均衡结构布局和促进教育公平方面进行配置制度的设计。

高等教育资源配置的管理权力要进行分解，一部分属于高校的办学自主权要还给高校，一部分权力要下放给地方政府，还有一部分职能要转移给社会中介组织。政府要由直接管理为主转向间接管理为主，由行政审批为主转向发展规划、依法行政、政策指导、信息服务等间接调控方面，给予各教育资源分配参与主体相对平等的制度环境。

三、政府是高等教育资源配置市场的培育者

我国高等教育资源配置改革的目的是扩大教育供给，满足人们日益增长的对优质高等教育资源的需要。目前的高等教育资源配置机制改变了过去的计划体制一统天下的局面，形成了多元、多层次，相对独立而又联系的高等教育资源配置体系。在运行机制方面，由于我国的经济、社会尚处于转型时期，所以我国的高等教育资源配置机制还存在不完善、不健全的方面。

实践证明，政府通过计划手段控制教育事业的发展，抑制了教育行为主体参与和管理教育的积极性，影响了教育资源配置的效率，滋生了教育领域的官僚主义思想。市场的介入必将要求政府放弃部分的教育权力，而交由市场来运作，这并不是说政府要放弃对教育的干预，如果政府放弃对教育的干预，教育的公平性、公益性将不能得到保障。

在高等教育资源配置机制中引入市场机制，其意义在于实现办学形式的开放性和多元化。高等教育资源市场机制包括：一是导向机制，学校办学随市场和社会需求的变化而变化；二是等价交换机制，根据谁受益谁投资的原则，实施教育成本分担政策；三是重视效益机制，包括经济效益和社会效益；四是竞争机制，促进各教育机构面向社会自主办学。

四、政府是高等教育资源配置矛盾的调节者

高等教育市场已初步形成，其中既有市场经济的成分，也有计划经济的成分，其中既有政府的影子，也有市场的影响，他们交织在一起，相互影响作用。这种多元的办学主体呈现不同的价

值坐标体系，他们在价值关系上不可能完全彼此重合或代替，在办学过程中势必形成价值取向上的冲击和矛盾。

定位政府在高等教育市场中的职责，首先要考虑高等学校在教育市场中自主作用发挥情况，要积极落实高等学校的办学自主权。其次要考虑高等学校的办学方向要符合社会主义办学方针。再次要考虑政府在逐步退出教育市场过程中的“错位”、“跃位”和“不到位”情况。最后要考虑高等教育市场的建立健全情况是否满足人口大国向人力资源转变的需要。

基于以上考虑，对高等教育市场的各项内容进行划分，正确分析高等教育资源配置过程中各要素之间的矛盾，将政府定位于矛盾的调节者的高度，将市场、学校、家庭之间矛盾作为被调节的内容。这样既可缓和政府和市场的矛盾，也可促进高等教育市场的正常发展。通过规范调节高等教育市场，最终建立起高等教育资源配置市场的有序竞争、良性循环机制，完成我们这个时代赋予高等教育的历史使命。

第七章

深化中国高等教育资源配置改革的主要任务和着力点

第一节 深化中国高等教育资源配置改革的主要任务

一、建立政府主导的高等教育资源配置多元参与机制。

一是坚持高等教育发展质量。

近年来政府与各个高校采取多种方法提高高等教育质量。首先开展了大规模的本科教学质量评估工作。从2003年起，教育部每年组织专家对部分高校的本科教学状况进行评估，计划用5年时间分批将全国约700所本科院校评估一遍。2003年，首评42所高校，其中39所高校的本科教学状况得到优秀或良好的评估结果。其次，为鼓励在本科教学中取得突出成绩的教师，教育部还组织全国优秀教学成果奖的评奖工作。2005年，第五届全国优秀教学成果奖共评出特等奖3项，一等奖59项，二等奖537项。评估是对一所高校本科教学工作的全面检查，评奖是对本科教学卓有成绩的教师的奖励，这种面与点的结合，旨在促进对本科教学的重视，提高本科的教学质量。

二是为适应市场经济体制对人才需求的变化，高等教育规模的迅速扩大以及人们高等教育观念的改变，高校在人才培养方面采取了灵活、多样的模式与方法，以培养适应社会变化的各种类型人才。

在多领域、多视角、多内容的教学改革中，拓宽学生的基础知识，加大学生选择课程的自由度是一种共同的趋向。例如，有的高校制定规则，允许部分学生入学后重新选择专业；有的高校按类别招生（如物理、化学等），学生进校后首先按类别修读课程，一二年后再分专业；有的高校将按类别学习实施得更为彻底，即学生入学后按照文、理两大类甚至不分文理进行共同基础课程的学习（如复旦大学）。

三是为了提高高等教育的整体水平，提高高等学校在国家经济建设与社会发展中的作用，政府实施了重点建设高水平大学的战略措施。

20 世纪 90 年代，政府为了进一步发展高等教育、提高高等教育的水平，启动了面向 21 世纪，重点建设 100 所左右高等学校的大型重点建设项目——“211 工程”；1998 年 5 月，在北京大学百年校庆大会上，江泽民同志指出：“为了实现现代化，我国要有若干所具有世界先进水平的一流大学。”同年底，《面向 21 世纪教育振兴行动计划》文件提出，将创建若干所具有世界先进水平的一流大学，由此开始了一项新的国家重点大学建设项目——“985 工程”。“985 工程”的确立与启动，标志着中国的重点大学制度进入了以创建具有世界先进水平的一流大学为明确目标的新阶段。

四是为了解决广大民众接受高等教育与教育资源相对匮乏、大力发展高等教育与国家投入高等教育的经费有限之间的矛盾，政府采取了大力调动民间财力发展高等教育的战略措施。

调动民间财力参与高等教育首先体现在促进民办高等学校的发展上。2002年，《中华人民共和国民办教育促进法》的公布与实施为民办高等教育的发展提供了法律保障。调动民间资本参与高等教育的另一个体现是高校实施了学费制度，《关于调整普通高校学费标准的通知》，学费成为高校经费的主要来源之一的同时，也给一部分低收入家庭的子女接受高等教育带来了困难。为此，政府出台了国家奖学金、银行贷款等多项措施来保证被高校录取的低收入家庭的子女能够上大学。

二、扩大明确省级人民政府统筹分配教育资源的权限

一是中央加强宏观管理力度，出台各专项政策。

国家要在《国家中长期教育改革和发展规划纲要（2010—2020)》基础上，以“进一步简政放权、提高服务水平”为总体目标，兼顾教育管理体制改革的各项内容，特别是要对“政事分开，权责明确，统筹协调，规范有序”等体制改革方面进行思考，探索教育行政部门综合管理机制，建立区域之间的协调机制，统筹实施高等教育资源配置改革的各项子目标的制度建设和创新，引领地方教育管理体制改革全面深入展开。

二是给予地方更多教育立法权，完善教育政策体系。

加强省级高等教育资源统筹能力是国家宏观教育资源管理体制改革的重点，也是深化高等教育资源改革新的生长点和亮点。各省要形成全面统辖区内各级各类教育政策文件，对统筹高等教育资源的责任和权限作出规定，尤其是加强地方立法的工作，在

《教育法》、《高等教育法》的基础上，更加细致地规定社会主义市场经济条件下的高等教育资源各配置主体的权利和责任，将笼统化、原则化的国家法律具体化，全力推动教育资源配置改革的法制化进程。

三是突出政府职能转变的制度设计，创新政策体系内容。

当前，“转变管理职能，提升服务水平”是中国高等教育资源管理体制改革创新的关键。一是进一步完善调查研究、专家论证、社会参与、程序合法等民主决策制度；二是进一步完善信息收集、整理、贮存和传递的系统和制度，为政策制订实施搭建信息公共服务平台；三是各级人大和政府要把专家咨询制度化，为高等教育资源配置管理提供完善的政策咨询系统；四是进一步实施教育督导制度的创新，加强对学校办学行为的督导，建立完善评估制度、问责制度，形成人民群众广泛参与的监督机制。

三、加大探索中国特色现代大学制度建设的实践力度

大学改革的目标是使大学真正成为面向市场和社会自主办学的法人实体，为此需要建立健全以下三个方面：一是建立政府与大学的新型契约关系；二是明确大学的治理结构；三是建立规范的大学章程制度。

高校自主办学将导致管理模式的差异性和多样性。目前，现代大学制度创新的重点和难点主要集中在如何坚持和完善公立高等学校党委领导下的校长负责制和如何确立和巩固高等学校内部学术权力体系上，具体讲就是完善高校内部的治理结构。由于教授“治学、治校”必须首先从基层开始，所以大学的学院管理体制改革是当前现代大学制度建设必须解决的问题。首先是高校权力重心需要向学院转移，这样才能增加学院的活力；其次是学院

的权力要向教授们倾斜，这有助于激励学者们献身科学并减少对权力的学术寻租。这一系列行为需要制度建设进行固化，大学的办学和管理行为要纳入法治的轨道。大学章程的制订因此成为当前各高校必须做的工作。大学章程是各高校发展与建设的“宪法”，是推动和规范大学自主办学、建立自我发展、自我约束机制的基础，是处理学校与政府、社会及内部关系的准则，是高等教育长期健康持续发展的制度保证。

大学需要面向社会依法自主办学，但政府也不可能放弃对大学的管理。政府要依据《高等教育法》和大学章程，在“宏观有序、微观搞活”原则下，建立宏观管理的规范体系，将学校与政府的关系建立在法律法规与契约的基础之上，将学校发展规划、章程、项目和契约作为政府实施宏观管理和学校自律的有效工具，逐步建立起政府与学校间的“契约型”关系。在公立高等学校，高等学校按照不同隶属关系、不同学校层次、不同职能定位和办学特色，明确一个时期内学校发展、办学水平、教学和科研质量的详细指标及其考核方式、奖惩措施等，明确高等学校和主管部门各自的权限和责任。在民办高等学校，政府制订政策、标准和法规，利用财政、信息等资源和检查、评估、认证、审计等手段对民办学校实施宏观管理，保障民办学校办学自主权。民办学校设置监事会，负责对学校办学方向、财产状况及学校内部运行状况进行监督，监事不得兼任学校董事（理事）或学校内的任何行政职务。

四、加快建立健全高等教育资源配置法律体系的步伐

教育进入法律调节领域，是现代社会与现代教育的必然要求，也是现代社会对教育高度专门化调控的组织形式，更是教育

走上现代化的一个重要标志。随着我国高等教育法律体系的逐步完善，依法治校逐渐成为我国经济社会转型期的主要任务。从我国目前的高等教育立法现状看，教育法体系的基本框架已基本形成。具体地讲，我国教育法规体系由教育法、部门教育法、教育行政法、地方性法规和政府规章 5 个纵向层次和义务教育法、职业教育法、高等教育法、成人教育法、教师法和教育经费法 6 个横向部门构成。高等教育法是以高等教育部门内外部门关系为调整范围的单行法。

我国的教育体制应该选择的法律机制应是一个以行政法为主体，民法相配合，辅之以必要刑法手段，并以其他法律为适当保障手段的完整的法律调控机制。这样一个法律机制，应当准确反映变化了的社会关系，应当反映我国社会转型时期教育的本质特征和内在要求，克服以往教育活动过多行政意志因素的弊端[①]。从高等教育资源配置改革的发展趋势看，政府在教育资源配置过程中的角色正在发生变化，学校正在从国家行政领域中退出，并迅速地成长为独立的社会力量。这样一种趋势将会使政府在整个教育管理体系中发生变化，基于高等教育准公共产品属性的考虑，政府将承认学校的法律主体地位，其职能将由行政指令性管理向市场指导性服务转变。高校作为法人实体在适应经济、社会发展变化时，也要遵循教育发展规律，尊重学校内部各利益群体权益，保障自身健康有序发展。参照国外成功经验，各高校及早制订大学章程是当前的迫切任务。大学章程是高等资源配置改革过程中，高校进行自主办学、自主管理、自我约束和接受监督的

---

① 劳凯声．中国教育法制评论［M］．北京：教育科学出版社，2002．1—5．

重要依据。大学章程规定了内部的机构设置及职能，也规定了教师和学生的权益及实现方式。大学章程是高校取得合法权益的有效载体，也是国家管理大学的有效途径，是大学和政府之间法律关系的纽带。要充分认识大学章程的意义，它是高校反映自身欲求，保障自身权益的有效载体。

近三十年的高等教育体制改革实践表明，教育管理权“一放就活，一抓就死”的症结就在于政府将高校权益简单化，忽视了高校内部各利益群体的存在及诉求。换句话说，就是忽视了高等教育的自身发展规律。因此，从目前我国高等教育体制改革的任务来看，不仅要转变政府职能，更要扩大学校办学自主权，并通过制度建设来巩固推动。从当前高校、市场和政府的相互关系来看，矛盾主要集中在管理模式和权力分配上，表现在教育运行过程中的各方利益诉求上。因此，当前教育法制建设的主要任务是界定高校、政府和市场的权利，明确高校和政府的责任，区分细化举办者和办学者的职能，在强化政府宏观调控职能基础上，合理运用市场的调节手段，充分调动社会各方面力量的积极性，发展高等教育事业。发挥法律的约束功能，使高校能够主动适应社会主义市场经济发展需要，规范自身办学行为，按教育规律做好各方面工作。

第二节 深化中国高等教育资源配置改革的着力点

一、构建以改善民生为基石的现代教育公共治理体制

一是以公共治理结构改革为核心，探索政府、学校、社会共

同参与的公共管理体制，形成“管、办、评”既相互分离又制约互补的新型治理结构。

改变政府过多的直接行政管理职能，按照建设“责任政府”、“服务型政府”和“法制政府”的要求，重点加强服务和监督管理职能，履行政府职能由以行政手段为主转向综合运用经济、法律、信息和必要的行政手段。

二是建立科学民主的决策制度。

建立健全政府重大教育决策调研论证、公众参与、合法性审查、社会听证、质询等程序和制度。建立中央和省级国家教育政策审议和决策咨询委员会，就重要教育事项组织调查研究、专家论证和审议，为相关决策提供咨询意见和建议。建立教育中介协商机构，就重要教育事项听取社会各界人士的意见和建议。建立社会各方面建言教育的正式渠道。

三是建立教育资讯的公开制度。

搭建教育咨询服务平台，健全相关协调机制，按照规定的时间节点，公布教育发展基础信息、教育政务信息、教育服务信息，及时答复公众对教育信息的咨询。健全教育数据采集体系，组建国家教育统计中心，负责搜集、汇总、统计和发布教育信息。为教育机构、社会和公民提供教育信息服务。各级行政主管部门或登记注册部门负责制订各级各类公立和民办学校信息公开细则。公益性的民办教育机构和教育中介组织，由登记注册部门负责，建立信息公开办法，建立外部监督监管机制。建立公益性教育组织信用等级制度。

四是改进政府对高等教育质量评估，扶持建立承担高等教育评估职能的社会中介组织，多种途径开发多种高等教育评估系统和方法，并逐步承担高等学校评估和质量监控的职能。

专业评估要充分发挥行业组织和专业协会的作用，高等学校，分专业、分步骤建立以行业组织、企业为依托的专业、课程评价认证机构和机制，将专业、课程评价和认证的结果与职业资格认证相结合。教育行政部门推动和资助高等学校进行国际合作，推动高等学校学科、专业、实验室、课程评估认证以及学术评价的国际化，引进先进的评估方法和标准。

二、构建多种形式协调科学发展的多元化办学新格局

完善高等教育阶段多种形式办学的体制。区分不同举办主体和投入渠道，构建以政府办学为主，民办学校、公私合作、中外合作等多种办学形式共同发展的多元化办学体制。对不同类型的学校实行分类管理。在坚持学校的公益性质的前提下利用社会资源和市场机制，充分发动社会力量举办教育公益事业的积极性。

一是对民办学校实行分类管理。

对民办学校实行分类管理，明确营利性和非营利性民办学校的区分标准。新设民办学校需要通过公益信托机制或直接无偿捐赠实现投入。民办学校需按照学校法人产权独立（适用于有法人资格的民办学校），社会团体、基金会、企业、私人通过捐赠实现办学投入，办学收入全部用于教育等三个条件认定其非营利性。现有民办学校，如果选择非营利性质，政府可采取若干补偿性政策使之逐步过渡；如果选择营利性质，需按照企业进行注册登记。非营利性民办学校与公立学校具有同等的法律地位，享受与公立学校同样的税收、土地政策优惠，教师享有与公立学校教师同样的社会待遇；享有相应的学校自主权。政府制订帮助非营利性民办学校发展师资、课程和教学的计划，并给这些学校以财政补贴；对于一些有条件的民办学校可采取民办公助。大力支持

民间公益性教育事业的发展。禁止兴办义务教育阶段的营利性民办学校。国家完善营利性民办学校的管理办法，制订税收等方面的优惠措施，建立行业自律和质量监管机制。修改《中华人民共和国民办教育促进法》及其《实施条例》。

二是保证非义务教育办公学校的公益性质和办学活力。

增加政府投入，保证公办学校以政府投入为主，合理确定教育成本分担比例和学生资助额度。对财政预算拨款和法定社会收费项目，均实行严格监管并向公众公开，严格禁止任何与入学机会相关联的"赞助费"、"共建费"等非法收费，加大查处力度，建立举报奖励制度；鼓励向学校的无偿捐赠。公办学校禁止举办任何与公益性目的不符的活动。行业性较强的高等学校和职业学校，可寻求教育行政部门与相关政府部门共建共管、政府部门与行业协会、企业共建共管模式。基础教育阶段的公办学校，同一区域内的，可在教育行政部门领导协调下，探索推广优质学校与相对薄弱学校联合办学、资源共享的各种模式。

三是推进非义务教育阶段公办学校办学体制改革试验。

增加政府投入，确保公办学校以政府投入为主，保证非义务教育公办学校的公益性质和办学活力。公办学校接受社会捐助，实行基金会管理方式。允许探索公办职业学校实施联合办学或者变更举办者的试点。积极探索建立普通高等学校与行业、企业多种形式的合作机制。为提高公办学校的办学效率和质量，鼓励探索服务外包、委托管理等公私合作方式。

三、构建适应全球化和国际竞争的教育对外开放体制

从经济全球化和教育国际化的高度，设计教育对外开放的总体战略，将教育开发作为提高我国教育国际竞争力和增加综合国

力的重要途径，作为新时期我国对外开放事业的重要组成部分。

一是扩大教育国际交流与合作。

拓宽学生出国留学与交流的内涵和渠道，创新和完善公派出国留学工作机制，建立多层次、多类型公派出国留学体制，把出国留学作为培养高层次创新人才的重要途径。创新和完善高校学生交换和毕业生海外志愿服务机制，支持我国公民自费出国留学。

推动我国高等学校与世界知名大学和科研院所“强强合作”，设立联合实验室和联合培养研究生，共同开展高水平的科学研究和人才培养。鼓励高等学校及其他教育机构研究、消化、利用、合作开发国外先进课程、教材和教学方法。国内一批重点大学，公开向海外招聘校长或其他高级管理人员。引进国际职业教育培训机构、培训教程及教材，开展基于国际标准和认证的职业培训。

二是提升对外教育服务水平。

坚持“扩大规模、提供层次、保证质量、规范管理”的原则，加大政府奖学金力度，适当引入市场机制，大力发展来华留学教育，争做亚太地区最具吸引力的留学目的国之一，成为培养、培训发展中国家的中、高级技能和管理人才的主要国家之一。提高我国优势学科的国际拓展能力，推进境外办学健康发展。提升中国在重要国际组织中的教育话语权和影响力。创造条件，选送各教育分支领域专家参加国际组织工作，参与国际教育标准和规则的研究、制定。

三是完善教育涉外法规，健全教育对外开放管理机制。

参照国际惯例，研究、比较国外教育涉外法规，借鉴有益经验，立足国情，完善教育涉外法规，尤其是 WTO 规则中与教育服务贸易相接轨的多层次法律法规制度体系。建立国际教育质量保障和监控机制。建立相应的质量保障机制、财务监控机制、信息披露机制和消费者投诉机制等，充分保护消费者的合法权益。制定具有中国特色和世界影响的教育标准，加强与具有良好社会声誉的国际教育质量认证机构的合作与交流。加强国务院教育行政部门统筹、协调教育对外开放的工作职能。组建“中国国际教育集团”，作为政府授权下具有国际影响力的民间教育国际服务与交流的管理和推广机构，统领我国民间和政府委托的教育国际服务与合作工作。

四、构建能力本位和有利于人才辈出的人才培养体制

改革唯学历、唯职称、唯资历、唯身份的人才评价和使用标准，构建品德、知识、能力、业绩并重，以能力为本的人才发展机制。从人才培养的角度，推动以下几个方面的教育制度变革。

一是制定能力建设的国家战略和能力标准。将能力建设作为贯穿于各级各类教育的共同要求，重点是提高创新能力和创业能力。

由国家规划和统筹能力建设，建立与学历序列平行和沟通的能力序列，制定各种人才和各种职业（岗位）的能力标准和资格证书体系。从人才资源开发的全过程提出能力建设的总体要求，并在这个基础上制定国家能力标准的基本框架，使之成为各行各业录用人员和职务晋升的依据，并在整个教育和培训体系中加以系统地设计和实施。

完善具有我国经济、产业发展特点的《职业资格标准》。由政府主管部门组织相关行业、通用标准的基础上，加紧统一制定我国现在和今后一段时间内有效的职业资格标准。在高等职业学

校进一步推行学历证书和职业资格证书“双证书”制度。在会计、护理、法律、工程、师范、医学等领域的高等院校毕业生中推行职业资格证书制度。

完善普通教育与职业教育、学术型教育与应用型教育并重和相互衔接、沟通的培养体制，提高应用型人才培养层次，与学术型人才培养协调发展。通过统一的国家资格认证体系和工学经历评估认证、学分承认和转换制度，使学习者在不同体系、部门和机构间能够流动。

二是构建推进能力建设的教育制度框架，尤其是与人才培养相关的教育教学制度变革。

改革考试招生制度。完善小学、初中免试就近入学制度；高中招生实行综合素质评价和学业水平考试相结合的录取制度，推动将优质高中的大部分学额平均分配到初中学校。改革高等学校招生考试科目、内容和方法，建立高中综合素质评价和学业水平考试制度。进一步落实高等学校的招生自主权，逐步形成招考分离、分类考试、多元录取、自主选择的多样化选拔体制。建立学校自我约束、政府宏观指导、社会有效监督的高等学校招生制度。在试验成熟的基础上，高等职业学校实行开放注册入学，其他高校实行以能力检验为特征的综合性考试，自主招生，注重发现和选拔具有特殊才能的学生。探索研究生申请入学制度。改革政府高度集权的统一考试与招生管理制度，逐渐把考试、资格认定等业务管理交给专业化的中介机构，推进考试服务社会化。

完善以学生为本的教学制度。加大教学改革和研究方面的投入，教育资源向教学倾斜，借鉴国外优秀的教学经验，支持学校和教师与课程、教学研究机构合作，进行教学研究和改革试验。

更新教学内容，巩固基础教育课程改革成果。强化实践教学环节，实施启发式、讨论式教学和探究式学习，探索超越传统班级的灵活多样的教学、学习、研究组织形式，积极运用现代教育技术构建灵活开放的教学评价体系，完善各阶段质量检测制度和职业教育、高等教育专业和课程同行评议制度。

完善创新型人才的培养体系，对成绩优异的学生跳级、转学、提前毕业、选修高学段课程、转换专业等给予支持；为具有特殊禀赋和潜能的学生制订个性化的指导方案，提供培养条件；鼓励高中与高等学校在优异人才培养方面进行合作。在各级各类学校中贯穿创新意识、创新方法教育，鼓励学校进行创新人才培养试验。国家设立拔尖创新人才培养基金。

完善社会教育和合作教育制度。各级各类学校与社区、村街共建，建立文化、体育设施和资源共享机制，学校要主动地、有选择地向社会、家长开发课堂和课外活动，利用软硬件资源积极参与学习型社会、学习型社区建设。发挥社区组织对学校教育的重要补充作用。建立社区层次的校外教育组织（社区教育委员会），实施未成年人的校外教育和风纪管理；建立学生社区服务制度，机关、事业单位、村街、社区提供学生志愿者岗位，将学生作为志愿者参与社区服务的经历作为综合素质评价的内容。建立大中学生暑期社会见习制度。政府资助社会中介组织、学生社团，搜集汇总暑期企业事业单位招收见习生的信息，为学生提供免费中介服务。

完善行业、企业参与高等教育的合作教育制度，通过互惠互利的产学合作和制定税收优惠等方面的政策，有效推动企业承担职业技术教育的责任和义务。高等教育要在政府主导下，促使高校与企业、科研机构建立产学研战略联盟，启动科研院所与大学的资源整合，推动实现产学研过程与人才培养过程的双向对接，通过“投资——体制——机制”三位一体的改革形成产学研结合的长效机制。

第八章

转型期高等教育资源配置的个案分析——以吉林省为例

第一节 吉林省高等教育面临的形势

2006年初，党中央、国务院召开的全国科学技术大会提出坚持走中国特色自主创新道路、建设创新型国家的重大战略任务，这标志着我国正式迈出了建设创新型国家的坚实步伐。为促进我省前沿学科和新兴学科的发展，迅速提升我省高校在全国乃至世界范围的学术地位和竞争实力，必须加快实施吉林省高等学校科技创新平台体系建设工程。

一、建设吉林新型工业基地，强化高校科技工作的支撑作用，要求人才培养工作更加适应地方经济社会发展的需要

老工业基地的调整与改造是党中央、国务院在新一轮经济增长的背景下所作出的又一重大战略决策。它将使东北成为继珠江三角洲、长江三角洲和京津唐地区之后的中国内地经济第四增长

极，并将开创一个“新东北时代”。为落实振兴东北老工业基地计划，2004 年 2 月，吉林省出台了《振兴吉林老工业基地规划纲要》，提出要重点建设汽车、石化、农产品加工、医药、光电子信息等五大产业基地，大力发展资源型城市和地区的接续产业，用高新技术和先进实用技术改造提升传统产业。

高等教育作为培养高技能人才的重要阵地，肩负着培养数以千万计生产、建设、管理、服务一线人才的任务。目前，我省高等教育资源短缺一直是困扰各个地区提高竞争实力和实现可持续发展的关键问题。一方面，我省的高等教育规模虽大，但与主要产业的联系并不密切，培养的人才自己却用不上。另一方面，由于吉林省自然地理条件的差异以及投资政策倾斜等因素的影响，形成了各地区区域发展空间的非均衡性，进而使得区域竞争实力存在着明显的地区差异，从而制约了区域教育实力的提高。面对新形势和新任务，我省的高等教育必须转变传统的人才培养模式，要以地方经济建设和社会发展需求为导向，通过人才培养、科技创新和社会服务等途径，主动与社会、行业、企业相结合，主动调整学科专业结构，主动探索新的人才培养模式，主动发展应用型科学技术，承担起为地方经济建设和社会发展服务的使命，增强为社会经济发展服务的能力。

二、建设社会主义新农村，加快城市化发展步伐，建设和谐吉林，更需要区域高等教育的快速发展和支持

当前，中国社会正处于转型时期，即农村向城市化转变，工业化向后工业化转变，面对这样一个关键时期，高等教育也面临着新的机遇。吉林的新农村建设指向经济发展，而经济发展首先是指农业现代化发展。农业现代化要求农业产业化经营，要求对

农业资源的深度开发与利用，需要现代科学技术在农业生产上的广泛推广和应用。因此，提高农业劳动者的文化水平和科技素养就成为实现农业现代化的前提性条件。也可以说，农业现代化的过程是依靠农业科技的发展与进步，变革传统农业，变革传统农村，变革传统农民的过程。其中高等教育的介入与支持是必不可分的。伴随农业现代化的发展，农村剩余劳动力迫切需要合理转移。但其中制约因素很多，最主要的是农村劳动者文化科技素质偏低，难以胜任都市中新的谋生岗位要求，而且城市中的岗位数额也是有限的，因此，更需要通过进一步发展农村非农产业经济和进一步推进农村城镇化而实现转移，以适应非农产业结构调整与升级的需要，这从另一层面反映出加快城市化发展步伐也需要高等教育的支持。

改革开放以来，我省城市面貌发生了巨大变化，但大部分农村地区面貌变化相对较小，一些地方的农村还不通公路、群众看不起病、喝不上干净水、农民子女上不起学。这种状况如果不能有效扭转，建设和谐吉林将成为空话。为缩小城乡差距、贫富差距，“授人以鱼，不如授人以渔”，发展高等教育成为加快吉林省经济社会发展的必然要求。

三、多变的社会需求对吉林省高等教育，使吉林省的社会经济建设和社会发展的贡献能力受到了严峻的挑战

党的十七大报告提出，要把“提高自主创新能力，建设创新型国家”作为国家发展战略的核心和提高国家综合国力的关键。目前，我省高等学校从事科技活动人员达 1.45 万人，已成为成果转化与产业化的强大生力军，是吉林省科技创新体系的重要组成部分。但从总体看，我省高校大量的科研成果并没有真正走入市

场。其中有体制和观念落后、投入不足、成果不成熟和技术市场不完善的原因，更有管理部门服务不到位的原因。使得高校科技工作服务于地方经济建设和社会发展的能力受到了极大限制。

另外，随着社会发展速度的加快，改革开放步伐加快，人们对高等教育的需求逐渐增多。吉林省高等学校专业设置与经济产业结构调整不相适应，层次结构与国民经济的技术结构不相适应，人才培养模式与经济社会发展对各类人才的需求不相适应等问题突出出来，集中表现在以下四个方面，一是缺高层次国际化经营管理型人才、高层次创新型科技领军型带头人；二是紧缺掌握高新技术知识，受过严格科研训练的高层次研发型人才；三是紧缺掌握比较系统的基础理论、基本知识和基本技能，并善于运用所学知识和技能解决实际问题的复合型、应用型人才；四是紧缺具有较强专门技能、擅长实际操作的实用型人才。

上述两个问题已经成为现阶段吉林省高等教育面临的重要课题。只有加快高等学校学科专业结构调整，实施紧缺人才培养工程，不断深化高校科技体制改革，才能满足吉林省经济社会发展对高层次创新型人才的迫切需要。

第二节 吉林省高等教育的“十一五”发展目标、现状及不足

一、吉林省高等教育的“十一五”发展目标

战略目标是发展战略研究的核心，也是整个发展战略的纲领。关于吉林省高等教育的发展目标，吉林省委省政府及其教育

行政部门在不同阶段、不同场合进行过系统的表述，集中反映在吉林省的《振兴吉林老工业基地“十一五”规划纲要》和《吉林省教育事业发展“十一五”规划》中，计划在新世纪头10年，基本建成以国内一流大学和省重点高等学校为龙头、与我省经济和社会发展相适应，满足社会成员知识更新和终身学习需要，规模适当、结构合理、教育质量和办学效益较高，与其他各类教育协调发展的现代化高等教育体系；基本建立起与社会主义市场经济体制和我省经济社会发展相适应、充满活力的高等教育体制与运行机制；高等教育的综合实力和现代化程度在国内继续保持比较先进的水平。

在高等教育大众化方面，到2010年，高等教育毛入学率达到35%。提出普通高等教育全日制在校生规模达到56.2万人，其中研究生4.7万人，本科生38.6万人，专科生12.8万人。使全省人均受教育年限达到10年以上，城市新增劳动力平均预期受教育年限基本达到13年；在高等教育布局结构方面，到2010年，基本形成以“985工程”、“211工程”重点建设院校和省属重点高等学校和示范性高等职业院校为龙头、分工明确、互相补充的吉林省高级专门人才培养、科学研究和社会服务基地的合理布局，形成与产业结构调整相适应的学科（专业）结构，建立起主动适应经济、社会发展需求的学科（专业）调整机制；在高等教育发展步骤方面，在规模持续发展的基础上，大力推进重点高校、重点学科和重点实验室建设，积极引导和支持适应我省经济、社会发展需要的博士、硕士学位授权学科立项建设。稳步提高高等教育教学质量和科技创新能力，提升高等学校办学的综合实力、建设水平和办学特色，增强高等教育可持续发展和服务经济社会的能力；在高等教育办学格局方面，继续扩大民办高等学校和独立学院办学规模的基础上，稳步提高教育教学质量和办学水平，促进民办高等教育规范健康的发展。

二、吉林省高等教育经过“十一五”发展后的现状

吉林省于2001年进入高等教育大众化的发展阶段，是高等教育比较发达的省份（如下表）。经过50多年的建设，基本形成了以机械、光电、电力、生物、医药等学科为优势，研究型大学、教学研究型大学、教学型大学共同发展、较为完整的高等教育体系。截至2010年初，全省有普通高等学校45所，在校生530975人、教职工数59770人、专任教师33239人、毛入学率达到29.7%[①]。在重点高校建设方面，有国家“985”院校1所（吉林大学）、“211工程”建设院校3所（吉林大学、东北师范大学、延边大学）、省属重点高等学校10所（其中有民办高等学校1所）、国家示范性高等职业院校建设项目院校2所（长春汽车工业高等专科学校、长春职业技术学院）、省示范性高等职业院校建设项目院校5所；在办学水平方面，有省级重点学科221个，其中国家级重点学科40个；有博士学位授权一级学科45个（含二级学科256个）、硕士学位授权一级学科100个（含二级学科487个）、博士后流动站38个；有国家重点实验室6个、国家级专业实验室1个、国防科工委重点实验室和重点学科实验室各1个、部级重点实验室30个（其中省属院校6个）；有人文社会科学重点研究基地9个；在高层次人才队伍建设方面，有中国科学院和

① 2009年吉林省教育事业统计公报。

中国工程院院士 20 人（双聘 7 人）、国务院学位委员会委员 2 人、国务院学位委员会学科评议组成员 22 人、国家“973”项目首席科学家 2 人、教育部“长江学者奖励计划”特聘教授 22 人、国家级教学名师 11 人；有省级优秀教学团队 20 个，其中国家教学团队 4 个；在办学条件方面，有专任教师 3.2 万人（包括独立学院），具有研究生学历教师 14 万人，其中获得博士学位的 3312 人。校舍建筑总面积为 1701.2 万平方米（包括独立学院），生均校舍建筑面积为 36.2 平方米。生均教学行政用房为 15.7 平方米，生均图书 85.9 册，生均教学仪器设备值为 9 327 元。

表　吉林省与东中西各省“十一五”教育发展目标的横向比较

	高等教育毛入学率	新增劳动力受教育年限	综合实力与位次发展目标
吉林省	35%以上	13 年	全国各省（市、区）上游，若干领域达到全国领先水平
全国	25%	11 年以上	
东部地区			
北京市	60%左右	15 年左右	在全国率先基本实现教育现代化
江苏省	40%以上		率先基本实现教育现代化
山东省	26%		
福建省	25%		全国中等水平以上
海南省	25%左右		
辽宁省	38%左右	12 年以上	各级各类教育发展水平居全国前列
浙江省	45%		总体上在全国省区中居领先地位
中部地区			
安徽省	25%左右		中部地区前列

续　表

河南省	23%	11年以上	
黑龙江省	23%	12年左右	
湖北省	30%		由教育大省向教育强省的转变
湖南省	27%	13年	由教育大省向教育强省转变
江西省	25%左右		
山西省	28%左右	11年以上	中西部地区的先进行列
西部地区			
甘肃省	20%		达到目前全国的平均水平
广西	22%左右	11年左右	
贵州省	15%左右		适应贵州的国民教育体系
内蒙古	25%左右		
宁夏	25%		在西部地区位居前列
陕西省	30%左右	11年	
新疆	25%左右		西部省区中等偏上的水平
重庆市	30%		居西部前列

注：此表摘自《吉林省教育发展战略研究》［M］. 长春：吉林大学出版社，2009：24.

三、吉林省高等教育在“十一五”发展中的不足

吉林省高等教育也面临着亟待解决的问题：一是高等教育投入明显不足，难以有力支撑教育培养规模的扩大和教育质量的提高，这是制约我省高等教育快速发展的一个重要因素。一方面生均财政预算内教育事业费明显低于全国平均数，且有逐年下降趋

势（如下表），另一方面非财政性筹资制度不健全，缺乏有效地吸纳各种教育投资的鼓励性政策，吸引社会资金的渠道还很有限，致使有的高校已经形成了“贷款搞建设，财政保工资，收费发津贴、还利息”的格局；二是地方院校整体实力不强，发展不均衡。在“2007年中国大学100强”中只有吉林大学和东北师范大学2所部属院校，2007年中国高校一级学科国家重点学科共有72个，其中吉林省有5个，且4个在吉林大学；国家重点实验室有173个，吉林省有6个，也都集中于吉林大学。由此可见，吉林省的优质高等教育资源不但短缺，且又不均衡；三是高等教育结构、布局不尽合理。突出表现在普通高校与高职院校比例不合理，职业教育地位不高。至2008年4月，吉林省普通高校与高职院校之比为25∶18，相邻的辽宁省是40∶39，黑龙江省是25∶44，经济发达的省份则更小。相比之下，吉林省高职教育发展相当薄弱，很难满足我省加快推进工业省、科教省、生态省建设和老工业基地调整、改造的迫切需要，这也是我省经济发展相对缓慢的一个重要原因；四是高校自主创新能力不强。从整体上看，吉林省高校的创新能力相对较弱。首先表现在省属高校在国内有较大影响的院校太少，高校整体的核心竞争力和特色还没有真正形成。其次是近年来多数高校负债运营，还款压力沉重，潜在地影响着教学投入和人才培养质量的提高。最后是人才流失严重、引进少、稳定难的现象很难转变，直接导致了高层次优秀人才数量不足，师资队伍结构不优，地区、学校之间发展不平衡。例如，2007年国家科技奖共有314项，其中一等奖129项，二等奖185项，吉林省共获奖4项；在“2007年中国大学排行榜学术成果排行”中，前100名只有吉林省2所高校；五是民办教育还停留在初级阶段，民办教育近几年成为多数省份教育发展的新增长点。与民办教育发达省份相比，吉林省的公办教育依然占据着绝对垄断地位，首先表现在对民办教育的地位、作用认识不足，还没有形成民办教育发展的优良外部环境，扶持政策还不够明确，也没有完全落实到位，对民办学校也未建立起有效的监管机制。其次表现在民办学校投资者产权界定缺乏法律依据，对于《民办教育促进法》中的“合理回报”的理解存在歧义，“办学结余”、“净收益”、“净资产”的计算缺乏与之相适应的会计制度可遵循；六是高等教育对外开放程度不高。主要表现在合作办学机构偏少、留学规模偏小、引智工作发展相对缓慢、双边和多边教育国际交流活动也相对偏少等方面。

表　吉林省高校生均财政预算内教育事业费情况表（元）

年份	吉林省数	比1999下降	全国平均数	与全国的差距
2000	5 177.18	−23.22%	7 309.58	−2 132.4
2001	4 432.55	−34.27%	6 816.23	−2 383.68
2002	4 223.75	−37.36%	6 177.96	−1 954.21
2003	3 516.65	−47.85%	5 772.58	−2 255.93
2004	3 301.59	−51.04%	5 552.5	−2 250.91
2005	3 992.94	−40.78%	5 375.94	−1 383
2006	4 024.89	−40.31%	5 868.53	−1 843.64

注：此表是根据吉林省教育厅计财处提供的数据推算的。

第三节　吉林省高等教育持续发展的对策建议

一、深化高等教育体制机制改革，为教育发展提供制度保障

（一）推进教育管理体制创新

为了加强高等教育的宏观管理和落实高校办学自主权，进一步完善高等教育“中央、省、市三级办学，中央、省两级管理，以省为主”、职业教育“分级管理、地方为主、政府统筹、社会参与”的管理体制，尤其是要把握好中央与省两级之间的“高等教育管理权限的科学划分、有效衔接与协调”关系。探索建立学校的公共治理结构，进一步理顺政府、学校和社会三者间的关系。转变政府职能，实现政事分开，通过立法、拨款、政策引导、信息咨询服务、监督评估等手段进行宏观管理。革新行政审批制度，建立认证、评估、审计、仲裁、听证、公示制度和决策信息反馈机制，培育中介组织和机构，充分运用市场机制配置教育资源。进一步落实高校办学自主权，使其依法充分行使自主办学权力，自主组织实施教学、科研工作及相应的人、财、物配置和国内外交流、合作，并革新内部运行机制，进一步调动教职工的积极性，逐步形成自主管理、自主发展、自我约束、社会监督的机制，真正实现国家统筹规划、宏观调控管理和学校面向社会、依法自主办学相协调的高等教育管理体制。

（二）深化办学体制和模式改革

针对当前我省办学体制不活、办学模式较单一的状况，加大办学体制改革力度，按照举办权与办学权分离的思路，大力吸引社会资本参与办学。支持公办高校与社会资本合作，按新机制、新模式创办独立学院，继续积极推动独立学院的规范发展；积极推进公办职业学校与企业、社会力量合作办学；形成公办学校和民办学校优势互补、公平竞争、多种所有制形式共同发展的办学体制新格局。落实对民办学校的扶持和优惠政策，引导民办学校依法办学、规范办学，不断提高民办教育的管理水平和育人质量。

（三）深化学校内部管理体制改革

为了充分调动教师从事教学与科研的积极性和主动性，为营造高素质创新型人才脱颖而出的良好环境，需进一步深化学校内部管理体制改革。以职务聘任和岗位管理为重点，推行教师职务聘任制。理顺教师专业技术职务评审与聘任的关系，淡化“身份”评审，强化岗位聘任。改革分配制度，充分发挥工资和岗位津贴的激励和导向作用，形成“人员能进能出、职务能上能下、待遇能高能低”的人事管理新机制。进一步规范和改进教师评价与考核办法，完善教师的保障机制、激励机制和交流机制，促进教师资源的合理配置。试行职业校长制度，推进教育职员制度，促进教育管理人员专业化。深化高校后勤社会化改革，进一步完善和落实相关政策，理顺关系，强化管理，提高后勤服务的质量和水平。

（四）深化招生与考试制度改革

为了使有一技之长、综合素质高、发展潜力大的学生能步入高校的学习殿堂，需进一步深化招生与考试制度改革。目前应着重抓好以下几项工作：深化高考内容改革，进一步突出对能力和综合素质的考查；稳步推进以统一考试为主、多元化考试和多样化录取相结合的高校招生制度改革，多种形式扩大高校自主招生，建立“依法自主招生与统一考试入学相结合”的高校招生考试制度。继续实施招生“阳光工程”，使招生更加公开、公平、公正。改革研究生招生考试制度，突出对考生研究能力的考核。

二、加大教育投入力度，为教育发展提供条件保障

（一）改革和完善教育投入体制

为保证教育投资如时、足额到位，需加大教育投入体制改革的力度。具体如下：确保教育投入的“三个增长”。调整财政支出结构，加大财政性经费支出比例，以立法形式确立教育投资占国民生产总值的合理比例。健全教育拨款政策和教育成本分担机制，高等教育经费配置机制，政府鼓励社会投资教育和捐资办教育的推进机制，进一步完善“政府投入为主，社会共同分担”的多元投资体制。

（二）拓宽经费筹措渠道

拓宽经费筹措渠道是提高教育经费投入的一个有效途径，同时也是国际高等教育投入发展的一个重要趋势。为此，应努力拓宽经费来源渠道，不断增加教育经费投入。完善教育收费制度，

各类学校获得的政府拨款、个人缴费和社会资助等与实际办学成本相平衡。加快探索企业合理分担职业教育经费的办法。加快建立和完善教育发展基金、教育储蓄、教育保险等制度。继续支持学校开展勤工俭学，发展壮大校办产业。进一步落实税收优惠政策，积极鼓励企业、个人和社会团体对教育的捐赠或投资办学。积极开拓金融、信贷、教育服务、科技开发等筹措教育经费的途径。积极争取世界银行、亚洲开发银行等国际金融组织以及外国政府的优惠贷款，拓宽国外、境外经费来源渠道。

（三）完善贫困生资助体系

为保证家庭经济困难学生顺利完成学业，需继续完善和落实以国家助学贷款、奖学金、助学金、勤工助学、学费减免、绿色通道为主要内容的资助家庭经济困难学生的政策与制度，继续实施国家助学贷款“吉林模式”（按照谁受益、谁承担风险的原则，科学确定风险承担比例），进一步完善国家助学贷款可持续发展的长效机制。建立高校毕业生到艰苦地区和行业工作的助学贷款政府代偿制度。鼓励企业和社会团体设立奖学金、助学金，为家庭经济困难学生提供勤工俭学的机会，对家庭经济困难学生进行资助。高校通过设立校内无息贷款、奖学金、助学金、勤工俭学岗位等方式对困难生予以资助，保证其顺利完成学业。

（四）规范财务管理

为提高教育经费的使用效益，应进一步规范高校的财务管理。重点加强以下几项工作：健全教育经费投入和使用的监管制度，教育经费公告制度、统计制度和审计监督制度，提高经费的使用效益。完善、规范各级各类学校收费行为，建立收费公示制度。采取有效措施，实现闲置教育资源的合理利用与置换。制订和完善高等学校建设项目贷款管理办法，合理控制高等学校基本建设规模，建立健全财务风险防范机制，确保经费安全。

三、加强教育法制建设，为教育发展提供法律保障

（一）加强地方教育法规的立法工作

为保证我省高校的发展有法可依、有章可循，进一步加强地方教育法规的立法工作，研究制订《吉林省民办教育条例》、《吉林省教育投入条例》、《吉林省中外合作办学管理办法》、《吉林省终身教育条例》、《吉林省大学城管理条例》、《吉林省学校安全管理条例》、《吉林省学校校园周边环境管理规定》、《学校收费管理办法》等地方性法规，创造教育法治环境，为教育事业健康发展提供法律支撑。

（二）推进依法治教工作

加强依法行政、依法治校工作，有助于提高办学效益和教育质量，有助于规范教育管理，有助于高等教育的健康发展。基于此，应重点做好以下工作：加快教育行政管理体制改革，积极构建公共教育管理与服务体系，形成行为规范、运转协调、公开透明、廉洁高效的行政管理体制。规范教育行政部门在政策制定、宏观调控和监督指导方面的职能，完善教育行政执法责任制度、政务公开制度和教育行政处罚制度，加大教育行政执法力度，依法保障学校、教师和学生的合法权益。不断增强学校依法自主办学能力，依法探索和建立现代学校制度，大力推进教育行政执法，积极落实行政执法责任制，全面开展普法宣传工作，继续推

进依法治校示范校建设，积极创建良好的教育法制环境，努力形成政府依法行政、社会依法参与、学校依法办学、教师依法执教、学生依法就学的良好局面。

四、加强高校党建和思想政治工作，为教育发展奠定思想基础

高校各级党委和党的组织的办学治校能力是党的执政能力在高校的具体体现。党的十一届三中全会以来的理论和实践证明，必须坚持用党建理论统领新时期高校党的建设和思想政治教育工作，主动做好21世纪高校党建和思想政治教育理论创新的引领和示范工作，切实提高高校各级党委和党的组织的办学能力。这既是长期以来我党积极应对复杂多变的国际形势、艰巨繁重的改革发展任务和各种风险和挑战的经验和教训对党的建设的重要启示，也是新世纪我党加强和改进高校党建和思想政治教育理论创新的根本要求和根本保证。

第九章

深化中国高等教育办学体制改革的对策建议

从目前来看，现行办学体制与社会主义市场经济发展需要不相适应的矛盾越来越呈现制度性特征，因此，以制度建设为中心，进一步转换政府职能将是中国高等教育资源配置改革得以顺利进行的重要保障。改革开放以来，虽然转变政府职能取得了一定成效，但从总体上看，在计划经济体制下形成的全能型政府职能仍在社会经济生活中发挥着主导作用。

基于以上考虑，我国深化高等教育办学体制改革的总体思路，应该是建立以有限教育行政和有限教育市场为核心的现代公共教育制度，加快政府职能转换，提高政府驾驭高等教育市场的能力，推动全能政府成为有限政府，职责不清的政府成为职责明确的政府，在依法治教的治理框架下，综合应用法律、经济、信息和必要的行政手段推动高等教育办学体制改革跨越式发展。

具体而言，一方面是在公共教育体制内部，理顺中央与地方、政府与学校的关系。中央向地方下移教育管理权限，尤其是学校依法办学的自主权应得到增强，同时也伴随着责任和利益的相应增加。另一方面是教育体制内部的权力向体制外的私人领域和社会领域分化，大力发展民办教育。

第一节　高等教育办学体制存在的主要问题

一、高等教育办学理念相对落后

近年来，我国经济发展速度、社会人口的数量、质量、年龄结构、地区分布、增长速度、流动情况、性别问题、未来发展趋势等，都对高等教育的发展产生了巨大的影响。首先是人口基数大，增长速度快且有波动，城市密度大而地区分布及素质水平发展不均衡给高等教育发展规划带来许多难度。其次是对高等教育等社会公共事业的投入并没有随着经济增长而同步增加，使得高等教育发展面临资金不足的问题。除此之外，面对新的世界形势，面对飞速发展的科学技术，面对全球信息一体化，面对社会及经济发展带来的一系列社会问题，传统的高等教育形式，内容和方法显得软弱无力。

如何满足社会经济发展和人们对高等教育资源，尤其是优质高等教育资源的巨大需求，如何保持高等教育规模、质量、效益、结构的可持续协调发展和教育公平的实现，已成为当前社会的热点和焦点问题。伴随对马克思劳动价值论研究的深入和西方人力资本理论的引入，突显了高等教育资源配置理念的相对落后，主要表现在对高等教育资源的社会属性和计划调配方式等方面存在着落后的认识。

关于高等教育资源社会属性问题。在新中国成立后的相当长时间里，教育被视为一种特殊的上层建筑领域，更多地强调发挥国民教育的政治功能。“党的教育工作方针是，教育为无产阶级政治服务，教育与生产劳动相结合。”教育的目的是培养有社会主义觉悟的有文化的劳动者；关于高等教育资源的计划调配问题，我国是发展中国家，人均资源占有量少，各地区的财力状况、人文环境、社会发展水平存在着巨大区域性差异，“穷国办大教育”的国情使我国的高等教育资源十分短缺，同时也为区域间、结构上配置的不平衡埋下了隐患，这一事实决定了我国高等教育资源在优化配置过程中默认并强化了计划调配方式。

目前，对高等教育资源社会属性的认识发生了变化。这可以通过党的历次代表大会反映出来。党的十二大、十三大和十四大主要从经济发展战略的角度看待教育的战略地位。从把教育和科学技术并列战略重点，到把教育与科学技术“放在首要位置”，直到“把教育摆在优先发展的战略地位”，显示出“教育的战略地位”含义越来越明确，并在此基础上于1990年代提出了“科教兴国”战略。党的十五大和十六大强调教育的文化功能，把教育定位为“文化建设的基础工程”。党的十七大则将教育定位为民生问题。这说明在落实科学发展观和构建社会主义和谐社会的背景下，教育的地位和作用又出现了新的特点：在强调教育的战略地位已由出于为经济发展服务的考虑，转变为基于社会的全面进步和促进人的全面发展的目标性思考。因此，高等教育发展战略研究的重点放在了调整国家教育公共政策价值取向上。在研究和制定教育公共政策时，要优先考虑“教育权利平等”和“教育机会均等”两个基本方面。

为此，在当今这样一个国际融合的大背景下，我们的政府、教育主管部门和包括老师、家长在内的全社会必须深化对高等教育资源配置国际化、市场化、多元化和法制化的观念，应进一步明确以政府办学为主、社会各界共同参与的多元化办学格局，解决高等教育资源管理体制上统一性与计划性、办学投资体制的单一性、政府管理机制上的行政指令性和高等学校缺少充分的办学自主权等问题。我们的政府、教育主管部门应进一步明晰公立高校的产权，拓展民营高校的发展空间，推进我国高等教育资源配置在国际化、市场化、多元化和法制化的轨道上持续健康发展。

二、公立高校产权不明晰

对于中国的高等教育资源配置改革，最主要的问题是在高等教育均衡发展中，解决高等教育资源，尤其是优质高等教育资源供给不足的矛盾。在既往的高等教育资源配置改革中，我们主要从冲破集中体制束缚，调整各级政府的教育责任和管理权限；改变单一的政府财政投资教育体制，实现办学体制多元化；简政放权，使学校办学自主化；把教育产业属性融入于教育体制进行改革。一言以概之，就是深入教育体制改革，向管理要效益。

目前，我国的高等教育资源配置改革已初步形成了中央统一领导、地方统筹管理的教育行政体制；初步形成了以政府办学为主、社会各界共同参与的多元化办学格局；初步形成了以财政拨款为主，多渠道并存的教育投入体制；初步形成了全方位、多层次、宽领域的对外开放格局；初步形成了具有中国特色的教育法律法规体系；初步形成了面向市场自主择业的就业体系。然而，由于以往的计划经济体制积弊太深，观念意识不能很快发生转变，加上我国的市场经济体制不完善。因此，我国目前的高等教育资源配置改革中还存在着主体关系没有理顺、规模效益尚待提高、结构布局不够均衡、公平效率出现冲突和投入不足的问题，这些问题背后有着深刻和复杂的国际背景、文化背景、政治背景、经济背景和历史背景。如果解决这些问题仅限于问题本身，则只会忙于头痛医头，甚至会引发更多的问题产生，将高等教育资源配置改革引入歧途。

公立高校的真正出资者是全体社会公民，由于社会全体公民无法直接行使财产的所有权，所以就委托政府进行管理，从而形成第一层次上的委托代理关系；政府对公共财产的代理形成了政府的所有权垄断，因为政府不能直接从事生产经营活动，所以政府又成立了教育行政部门代为管理，从而又形成了第二层次的委托代理关系。在经过两次代理之后，全体公民的财产所有关系被隐匿了，第二层次的代理人不是对社会全体公民负责，而是对第一层次的代理人负责，即对政府负责；当教育行政部门任命高校校长时，形成了第三层次的委托代理关系。这种一层层任命代理关系是计划经济的产物，它强调行政指令，忽略了基层高校的自身利益诉求，注定了公立高校对教育行政部门的附属地位，导致了教育资源配置的行政化泛滥，导致了教育功能的异化和萎缩。

在高等教育进入市场后，高等教育资源各配置主体关系步入均权化时代，社会需求与市场调节成为高等教育资源配置改革的基本动力，而非政府的行政指令，协调各利益主体关系成为高等教育资源配置改革的中心议题。因此，社会全体公民对公立高校的占有权、收益权、处置权、使用权和监督权应该得到更加直接的体现，政府对高等教育资源的配置权力应该得到正确定位，高等学校的培养人才、文化传承、科技研发、服务社会的功能应该得到更加充分体现。从法律角度看，政府和高校应明确各自的责任和义务，政府应当承担高等教育资源配置改革的推动者、高等教育资源配置制度的设计者、高等教育资源配置市场的培育者、高等教育资源配置矛盾的调节者等责任。高校应通过落实高校办学自主权，通过不断提高高等教育质量，提高市场竞争力。

目前，各公立高校始终将提高教育质量贯穿于高等教育资源配置改革中，从结果来看，似乎只要获得高校毕业证书就是政府要求的合格人才，似乎只要在公开期刊上发表了文章就是科研成果，似乎研究型、综合型是所有本科院校的一致追求。特色学科专业在千篇一律、百校一面的教学评估中被过度的行政化干预磨灭殆尽，“自主管理、自主发展、自我约束、社会监督”的办学机制犹如水中浮萍，缺少自我发展完善的动力源泉，我国的高等教育资源配置改革在迷茫中艰难前行。

因此，建立产权清晰、权责明确、依法运行的现代公立高校产权制度，是突破高等教育资源改革“瓶颈”，推进体制内高等教育资源配置改革深入发展的内在要求。明晰公立高校产权就是明确高等教育资源配置主体的法律主体地位，确定合理的高校管理组织和治理结构，形成合理的收益分配格局。明晰公立高校的产权可以保证高等教育资源配置关系中的各利益主体，依照市场经济规律和高等教育发展规律自主地健康发展，是解决当前高等教育资源配置改革问题的前提基础。

三、民办高等教育发展空间不足

从目前的高考报名情况和高校的录取数据可知，一方面，我国高等教育供给与社会需求之间还存在着较大的缺口，社会经济与民众对高等教育的需求与社会供给不足之间的矛盾还是当前高等教育发展的主要矛盾，说明高等教育规模的扩张程度还远没有达到民众和社会、经济发展对高等教育的需求；另一方面，目前的高等教育“大众化”是不完全的，只是数量和比例上的“大众化”，更多的表现出非均衡性特点，一是这种“大众化”不是面向包括农村居民在内的广大人民群众与我国的农村社会发展水平和实际经济、社会需求相一致的高等教育“大众化”；二是我国东西部地区存在明显的失衡现象，东部地区的高等学校大都进入“大众化”，甚至是“普及化”阶段，中西部地区尤其是西部地区还停留在“精英化”阶段；三是高等教育的快速发展并没有达到人们所期望的教育公平程度，高等教育资源区域分布的公平性、不同收入阶层享受高教资源的公平性和不同层次高校公共资源配置的公平性问题已经从单纯的学术领域转移到社会领域，成为国家政策和教育政策关于共建和谐社会的共同话题。

通过以上的描述，我们可以作出一个基本的判断：我国高等教育自1999年“扩招”后，总体规模的扩张并没有改变高等教育原有的基本结构，只是在适应社会、经济发展需求的应用学科与专业的结构上呈现出新的特点，表现为“存量决定增量”的发展与变化模式。我们可以这样看待我国的高等教育“大众化”，其意义不在于高等教育“大众化”本身，而在于通过高等教育“大众化”的发展，强化了高等教育在经济、社会发展中的基础性、先导性和全局性作用，使“科教兴国”战略意图深入人心，将高等教育发展真正摆到了社会、经济发展的突出位置。

在巨大的经济、社会发展和民众对高等教育资源的需求与供给不足的矛盾面前，我国高等教育仍然需要较大发展。“发展是硬道理”的主旋律还不能停。在我国转型期高等教育资源配置优化改革中，如何促进高等教育真正迈入“大众化”阶段，如何促进高等教育的均衡发展，是我们现在需深入思考的问题。我国的高等教育已逐步“形成以中央、省（自治区、直辖市）两级政府办学为主、社会各界参与办学的新格局”。在此种情况下，高等教育资源配置的发展道路上应与以前有所不同，应改变以往以扩大普通高校的招生数量为主要内容的规模扩张，转变到以国家办学为主体，民办高等教育、公有民办二级学院、中外合作办学、高等职业教育、网络教育等并举的多元化发展路径，依靠办学体制上的创新进行规模扩张，将具有区域性、职业性特点的高等院校作为高等教育发展的新的增长点，增加高等教育对社会的供给，满足社会对高等教育的多样化需求，这样才能使高等教育适应社会经济发展需求，从而更具有容纳性和适应性，才能使高等教育资源配置突破现有体制的阻碍，通过市场来调动更多的社会资源投入高等教育发展。

在社会主义市场经济条件下，民办高等教育是公立高等教育的有益补充，适应了高等教育市场化需求，在近年呈现蓬勃发展的态势，并将在未来的高等教育事业发展中承担更加重要的作用。但从目前的发展情况看，民办高等教育还存在着相当多的问题，需要去改进和完善。首先，教育行政部门对民办高等教育的发展还存在着思想观念上的障碍，民办教育往往被认为是体制外的教育，难以享受与公办教育同等的国民待遇。我国公办教育非常发达，且集中了优势教育资源，而民办教育在庞大的公办教育系统的夹缝中生存并处在不公平的位置。其次，民办高等教育的发展存在经费不足的问题。国外私立高校的经费主要来源于社会捐助，而我国的民办高校由于起步较晚，办学条件较差，回馈社会的能力较弱，获得的社会捐助额度较少，加上政府经费支持的力度很小，所以我国民办高校的发展存在经费瓶颈的问题。最后，由于对民办高等教育法人财产权、民办高等教育是否营利并取得合理回报没有认识清楚，带来民办高校事业法人身分不明确和民办高校法人治理结构不规范等等问题。这都制约了民办高等教育的发展空间，进而制约了我国高等教育资源配置改革的进一步深化，和社会主义文化事业大繁荣大发展。

第二节　妥善处理高等教育办学体制改革中的遗留问题

一、进一步明晰公办高校的教育产权

在利益主体多元化的条件下，以学校法人财产权的完整性为基础，应进一步明晰公办高校的教育产权，逐步建立健全高校法人治理结构。其政策含义主要包括以下三个方面：一是公立高等学校可依法独立支配国家授予的办学资源；二是政府不应直接参与高校的管理，不应以任何形式抽取学校的资金；三是各高等学校可用独立法人身份从事活动。

一是建立健全相关的法律法规。高等教育具有准公共产品的特征，所以进行高等教育资源配置时，在积极引导民间资本进入到高等教育领域时，应考虑高等教育市场中教育资本的逐利性特征，但目前教育投资的环境影响着高等教育事业的发展。所以，我们为推动资源的优化配置，应以建立健全高等教育产权交易市场为突破口，加快完善高等教育资源分配领域中的相关法律法规。如完善《中华人民共和国高等教育法》等，突破高等教育产业不能营利的法律界限。

二是扩大高校产权体制的创新与改革。明晰公办高校的教育产权是资本进入高等教育市场的前提条件之一。扩大高校产权体制的创新与改革，就是要彻底改革高等学校对政府的依附关系，

高等学校在产权多元化的基础上，依托市场获得学校发展必需的要素。拓展对接资本市场的途径是资本进入高等教育市场的另一前提条件之一，理顺股票、债券、基金之间的关系，并按适当比例拓展教育债券、教育投资基金在高等教育产业中的运用。最后是培育和规范投资银行、审计师事务所、咨询服务机构、会计师事务所等中介组织。

三是完善高等教育国有产权保护政策。首先是对高等教育的资产进行彻底的产权清理与登记，按照法律程序完善产权手续；其次是加强高等学校资产投资的审计监督，防止国有资产的流失；再次是改革高等学校会计核算制度，建立完整的成本与利润核算体系；第四是引进资金既要注意经济效益，还要注意社会效益，注意引导社会资金向那些经济效益低、社会效益高的项目投资；最后是对高等学校进行去行政化改革，扭转高等学校“官本位”思想及由此产生的短期行为。

二、落实民办与公办高校的同等地位

一是分类落实民办高校税收优惠政策。目前，全国对民办高校尚未制定单独的税收政策，而且各地在执行税收政策时各不相同，不利于税收公平原则的体现。修订现行的民办高校税收政策，对具有营利性质的民办高校在税收方面，应施行适当的免、减、捐、返的税收优惠政策，首先是应尽快清楚核算办学成本，按成本收费，明确税收政策的优惠范畴，限制暴利，将结余用于高校的发展；其次是民办高校具有准公共产品属性，相对社会上其他营利性企业，应在某些必收的税种方面，采取低税率的政策或采取同一税种中对民办学校实行减少税率的政策，以鼓励民办高校的发展；最后是税收返还政策，如企业用税后利润投资本地办学，当地税收部门应返还该企业同等投资额的税收额度。

二是加大对民办高校的奖励与扶持力度。首先是比照拨付公办高校生均经费的做法，在财政性教育经费预算中增列民办学校的资助经费，用于降低学生的收费标准，这样可以减少纳税人子女的就学压力，同时也可以增强民办学校的办学实力；其次是由政府向民办高校提供项目建设专项资金，如为提高教育教学质量，可提供师资培训，改善办学条件，开发校本课程，学科专业设计的帮助，如为保障民办教师队伍的稳定，可适当补充教师养老金数额；最后是根据民办高校教育发展的状况，政府可制定各种扶持奖励措施，并确保民办高校的政府资助可随地方财政性教育经费增长需增长。

三是充分保障民办高校的办学自主权。首先是充分落实课程选择权，为保障民办高校的特色发展，应给予民办高校自主选择课程的权力。目前，民办高校的专业和课程设置是在教育行政部门进行备案，但没有自主权，因为教育行政部门审核不通过，则不予备案。民办高校在保证社会主义办学方向后，政府应同意民办高校可拒绝国家摊派的课程；其次是依法落实民办高校自主招生权，应继续坚持“公办不择校，择校找民办”的原则，民办高校在自身办学条件许可的范围内，有权根据相关的国家法律法规，自主独立开展招生工作；最后是逐步放开对民办高校收费的限制，随着家长择校日趋理性化，政府部门硬性设置学费标准已经失去意义。为此，建议政府赋予民办高校更大的收费定价权。

三、明确民办高校与独立学院的去向

2008 年，教育部颁布了《独立学院设置与管理办法》（又称 26 号令），这是继 2003 年教育部下发的《关于规范并加强普通高校以新的模式和机制试办独立学院管理的若干意见》之后，国家针对独立学院而推出的又一重大举措。总的来看，我国独立学院的管理已经走上法制化的轨道，这一举措对举办者、受教育者和独立学院本身都是好事，对规范民办高校和独立学院办学具有重要意义。

由于历史和现实的原因，该办法在实践中还有继续需要商讨的地方。如关于独立学院的定义在该条例中有多处处于矛盾状态下。另如，该文有强化独立学院和民办高校不平等之意，独立学院刚开始就可办本科教学，而民办高校刚开始只能办专科教学。通过相关文献可知，我国教育行政部门关于民办高校和独立学院的去向存在理论方面认知不清的问题，还需要继续完善健全。

教育行政部门可通过对民办高校与独立学院的评估，解决他们的去向问题。如办学条件不达标的、办学行为不规范的、体制改革不深入的、办学质量不高的，可取消其办学资格，并根据学校所在区域对高级技术人才的需求，向社区学院或职业技术学院方向发展。对一部分办学条件好、社会声望高、教育质量高的转制高校可以实行阶梯式的奖励扶持政策。具体来说，民办高校和独立学院如满足以下条件：一是生源有保证、办学时间较长、社会声誉较好；二是举办者有足够的非财政性资金投入；三是明确学校资产组成各单位的产权及关系；四是有独立健全的管理体制，就可以享受国家资助优惠扶持政策。

政府在对民办高校和独立学院进行阶段评估时，要严格程序，严格管理。一是严格履行决策程序和审批程序；二是做好清产核资、财务审计和资产评估，确保国有资产不流失；三是公开披露产权转让有关信息；四是注意保障教职工权益；五是做好转让收益管理。

四、加快完善我国高等教育投融资政策

在20世纪80—90年代的高等教育管理体制改革的指导思想引导下，高等教育投融资体制进行了一系列改革，市场经济条件下的中国高等教育多元化投融资体制已初见雏形。现阶段，我们应按“高等教育大众化”和“提高办学效益”的要求，努力构筑一个以稳定增长的财政投入为基础，以更加完善合理的多元化筹资体制为支撑，重点选择的政府投入范围，高效的政府投入措施，发挥社会力量办学积极性，注重经济和法律手段调控，鼓励学校竞争的具有高效性、公平性和给予受教育者更多选择的公共教育财政体制。

一是积极落实“三个增长”、“两个比例”的财政性教育投入目标。十几年来，4%经费投入这一目标始终没有实现，究其深层次的原因，就是因为这些目标都是以政策的方式提出，并没有上升到法律高度，目标的执行无法可依。鉴于我国教育经费的实际，应该在立法层面上对教育经费投入总量进行规定，把国家财政拨款比例明确下来。

二是重新明确各级政府教育投入的责任分工及范围，突出“公平和效率”原则，调整投融资结构，积极走内涵式发展的道路，努力提高高等教育质量。对不同层次的高校明确不同的任务，突出办学特色，中央政府应加大对高等教育中基础学科、应用基础学科中的资金支持力度。省级政府有责任为提供和保障高等教育机会提供资金支持，在财政管理上为全省的教育发展创造良好的经济条件和法律环境，在高等教育促进区域经济发展上提供政策支持，利用土地政策、支持和鼓励高等学校就地或异地进行改、扩建和新建，加大应用学科的支持力度。

三是制定高等教育预算执行条例，完善高等教育预算管理制度。这是建设规范高等教育财政管理制度的重要举措，有助于加强高等教育预算的法制性、透明性、完整性和资金使用的效率，在教育经费的收入上，明确列出学校经费收入中各类渠道的经费总量，以统筹使用，在教育经费的支出分类上，应进一步细化，使之与各类教育活动的性质和功能相一致，并且与教育服务提供机制的改革相一致。逐步确立以中央和省的两级为财政管理核心的教育绩效——问责——预算管理制度，教育财政管理从主要依赖行政手段向注重经济和法律手段转变。

四是依据政事分开原则，构建公立高等院校法人治理结构。一是进一步下放高校办学自主权，在条件具备的情况下，放宽对大学的学科和专业的设置权限，便于高校发挥自身优势，自主探寻市场需求，开展对外服务和销售，增加教育经费来源；二是加强高校自身的财务管理，政府对高校财务的主要管理方式是监督高校各项经费支出与相关预算科目所规定的经费使用目的之间是否达成一致，这种管理方式可以理解为对预算支出过程的监控，即高校财务预警机制的建立；三是继续推进我国高等院校的后勤社会化改革，以减轻高等院校不合理的开支压力，提高办学效益。

五是依据公办高校与民办高校分类管理的办法，积极完善高等教育融资的制度环境。为缓解高等教育大众化对地方公共财政的压力，在依法制定与严格审查高等教育投资办学资格条件的前提下，一是尽快制定高等教育投资办学的资格条件以及相应的财政补贴办法、财政补贴标准和享受财政补贴的民办高等院校的教育收费标准，二是积极采取税收优惠和其他方面的产业政策，以此为依据促进我国民间投资为主、政府补助为辅的“民办公助”

型高等教育的发展。

六是建立健全高等教育的学生资助制度。按高等教育成本分担与补偿理论，在《关于建立健全普通本科高校、高等职业学校和中等职业学校家庭经济困难学生资助政策体系的意见》的基础上，积极拓展更多的学生贷款项目，建立健全在国家奖学金、助学金制度、学生贷款、勤工助学、特殊困难补助和学费减免为主体的、多元化的资助贫困家庭学生的政策体系。[①]

第三节　重构高等教育国有资产产权新体制

重建高等教育国有资产产权新体制，要在理顺政府、学校、社会的关系，完善学校内部治理结构，形成政府宏观管理、社会多元参与和监督、学校自主管理和自律的中国特色现代学校制度下考虑。

一、重建高等教育国有资产管理结构

一是完善教育公共财政制度。各级政府实行教育预算单列，加强教育行政部门在教育公共财政预算中的作用，完善教育预算、决算审议制度。建立中央和省级高等教育拨款委员会，制定政府对高等学校的拨款标准和公式，根据专业机构对大学的综合评价结果实施绩效拨款，分配高等教育重点建设项目经费。完善教育财务监管制度，实施经常性的审计，引进外部审计制度；实

① 岳武．我国现阶段高等教育财政政策分析［J］．现代教育科学，2010（5）：31—32．

行财务年报制度，实现财务公开。建立符合学校特点的会计制度，并通过建立基金会等形式加强学校预算外资金的管理。疏通民间公益性捐款渠道。放宽设立公益性教育基金会的限制，加强对基金会的监管和财务监督，引导基金会之间进行良性竞争。

二是加强省级政府教育统筹的权限和责任。中央减少指令性行政干预，强化监督协调职能，鼓励地方根据实际进行体制和制度创新。中央负责对全国高等教育资源分配的宏观管理，并重点帮助支持西部地区和贫困地区发展教育。省级政府统筹管理本区域高等教育，探索逐步扩大省级政府在高等学校资源调配方面的权限和责任；落实省级政府对高等职业学校和高等专科学校的设置和管理权，强化省级政府推动高等教育均衡发展的统筹和财政责任。

三是建立和完善吸引境外优质教育资源的体制。鼓励引进国外优质教育资源和先进管理制度，制定中外合作举办高等学校的准入标准和监管措施，总结推广成功的中外合作学校的办学经验。区分中外合作办学项目的商业性和非商业性，商业性的中外合作办学必须设立公司制的独立法人，由物价部门批准收费额度并向政府纳税，同时建立相应的教育质量保证机制和监控机制。

四是确保高等教育国有资产的主体地位。保证公办学校以政府投入为主；合理确定教育成本分担比例和学生资助额度；严格监管财政预算拨款和法定社会收费项目；公办学校禁止举办任何与公益性目的不符的活动；行业性较强的高等学校可寻求教育行政部门与相关政府部门共建共管、政府部门与行业协会、企业共建共管模式。

二、重建高等教育国有资产运营体系

与高等教育国有资产宏观管理体制改革相适应，高等教育国有资产应当形成一个独立的运营体系，这个运营体系应当由独立的高等学校国有资产投资中介来建立。

高等学校国有资产投资中介机构专门负责国有资产的营运，它不是高等学校国有资产行政管理机构，而是经济实体，是独立的企业法人。高等学校国有资产管理部门与国有资产投资中介机构是一种平等的授权委托关系，高等学校国有资产部门不直接从事高等学校的教学、行政管理，只委派代表进入投资中介机构的董事会或管理委员会，参与学校发展的战略决策和实施监督。高等学校的国有资产投资中介机构包括高等教育投资集团、高等教育国有控股公司、高等教育基金会、商业银行及各种基金会等。

实行高等学校国有资产的资本运营与生产经营相分离。高等学校国有资产投资中介机构只负责国有资产（资本）的运营，负责投资和收益，不直接从事具体的高等学校办学工作，以保证高等学校教学的专业化和办学的高效率。①

三、对高校国有资产试推行股份制运营

基于当前我国高等教育的特定发展阶段及民办高等教育的现状等，促使部分公立高等学校“转制”成为股份制高等学校，即把“一股独大”的公立高等学校改造成股份制的高等学校，是促进我国高等教育发展、促进高等教育大众化乃至普及化的一个重

---

① 甘德安，万玲莉．高等教育产权体制变革与政府职能转变［J］．现代教育科学，2005（3）：36—37.

大战略抉择。

从效益最优化的原则出发，高等学校国有资产主要应在提供公共物品的领域发挥作用，即在非营利性的高等学校中发挥作用。在竞争性领域，即在营利性的高等学校中，应鼓励股份所有制的发展，高等学校的国有资产的战略调整和结构优化应通过市场机制来进行，从而加大股份制高等学校的比重。

民办高校依托公立高等学校在师资、学术科研管理等方面的优势，乃至公立高等学校的“名牌效应”，在相对较短的时期内克服民办高校的基础投入不足、资金短缺、教师队伍不稳定、教育质量不高的问题，使民办高校教育质量能有一个稳步而较快的提高。

综上所述，股份制高等学校能够很好地将公立高等学校的智力优势和无形资产优势与民办高等学校灵活的办学体制结合起来，通过引入民办高等学校的办学机制，促进公立高等学校的股份制改革，可以不断提高高等学校办学质量和办学效益，从而形成良性运行。①

四、构建高等教育的多元化产权体制

目前，我国经济成分的多元化、所有制的多元化、利益主体的多元化要求我们必须突破单一的国有教育模式。积极构建高等教育的多元化产权体制，一是实现所有权主体的多元化，彻底改变政府垄断高等教育的局面。二是进行高等教育产权中所有权与

① 甘德安，万玲莉．高等教育产权体制变革与政府职能转变［J］．现代教育科学，2005（3）：32—35．

其他各项权能的分解，不同的权能由不同的主体拥有。最终就是要让社会上不同性质的资金、不同的利益主体、不同的管理方法和模式都积极进入到教育领域。

高等教育产权多元化体制的具体内涵就是以树立教育投资消费观、教育产业观、教育服务观为先导，以建立教育多元化共同投入体制和多元化办学体制为主要突破口，形成产权多元化、形式多元化、发展模式多元化的现代新型教育发展大体系。即以树立全民教育投资消费观念为基础，以确立政府投入为主的全社会适度分担的教育成本补偿机制为内涵，以国有性、多元性、全民性等为本质特征，以完善或建立新的教育投入法定制度为保证，创立具有我国特色的高等教育产权制度，以建立高等教育产权多元化教育体系和实现教育现代化为明确目标而建立起全新教育投入机制。

教育产权是由所有权、占有权、支配权、使用权和处分权组成的一组权利。教育的所有权和使用权可以在一定程度上分离，模式大概有以下几种情况："公办模式"、"民办模式"、"公办民助模式"、"民办公助模式"和"国有民办"。公立高等学校股份制改造是一条新的高等教育发展之路，即把公立高等学校部分存量资产转让给民间，或者通过资本市场把部分资产转让，把公立高等学校股份化，这将成为今后中国高等学校办学模式的主要形式之一[①]。

① 甘德安，万玲莉. 高等教育产权体制变革与政府职能转变［J］. 现代教育科学，2005（3）：32—35.

第四节 优化民办高等教育发展的制度环境

一、尽快明确民办学校事业法人身份

民办学校在整个教育管理体制中，被登记为“民办非企业单位”。这直接导致民办高校的教师在职称评定、工龄计算、评优评先等方面享受不到与公办高校教师平等地位，还表现在民办高校教师的养老保险被纳入到企业体系中，民办高校教师退休后所享受的养老保险远远低于公办高校教师，更表现为民办高校因法人性质不明，而导致民办高校融资信贷与公办高校不能享受同等待遇。

建议将民办高校确立为自收自支的事业单位，从根本上解决民办高校的法人性质问题。浙江省的一些地方在这方面已经先行试点，并积累了一定经验。教育行政部门给予民办高校一定的编制，但编制经费的来源不同，公办高校是教育财政经费，民办高校是教育市场，但两类学校的教师在退休后，都是由社会保障部门负责养老和医疗保险。这一建议落实了《民办教育促进法》中“同等法律地位”的规定，既兼顾了不同性质学校的特点，还不增加国家的财政负担。

在上述建议未得到解决之前，建议先由各省市的人才交流中心，统一管理民办高校教师的人事档案，及养老金缴交和退休待遇的兑现问题。

二、稳步落实民办高校的法人财产权

由于历史和现实的原因，目前多数民办高校的法人财产权都没有落实到位，以民办高校的财产大都登记在投资公司账上，加上一些民办高校负债率很高，财务管理上比较混乱，这在客观上给民办高校的正常运行造成了困难。

首先通过地方立法，进一步落实民办高校的法人财产权问题，着重解决民办高校法人财产权虚置问题，为民办高校健康地进入资本市场作好铺垫；其次是通过修订立法，简化资产转换的相应手续，保障投资者的合法权益，打消创办者的思想顾虑；再次是鉴于民办高校资产过户存在众多的现实困难，如高校资产不同程度处于抵押状态等问题，建议各地方政府从促进民办高等教育发展的角度考虑，稳妥推进法人财产权的落实工作；最后是修订民办高校办学条件指标与评估标准，建议教育部从我国国情和民办院校实际出发，单独组织制定民办高校办学条件指标体系。

解决民办高校法人财产权问题可借鉴浙江、江西等地分类推进、分步实施的做法，根据民办高校的办学类型和办学规模，暂定民办高校法人财产权的最低办学标准，并要求办学者转入相应资金，并办理法人财产权手续，直到真正符合实际的办学要求为止，这样比较容易理解和操作，也有利于解决贷款偿还问题。

三、切实给予民办高校投资合理回报

高等教育资源属准公共产品。我们应领会《民办教育促进法》的本意，鼓励和支持民办高校的出资人获得合理的投资回报，这样才能激发市场投资民办教育的积极性，才能不断促进民办高校的发展。

首先是尽快出台支持民办高校取得合理回报的税收政策，打消创办者在税务机关登记时，不敢注明要求合理回报的思想顾虑，允许其按照真实意愿，重新选择是否要求合理回报，并同意其变更办学许可登记；其次是国家尽快明确民办高校办学成本的目录，“教育发展基金”、“固定资产折旧”、“风险基金”、“利息支出”、“人员解聘补偿”、“教师在职培训”应列入基本目录，民办高校这样才能准确地核算办学成本，合理回报也才有可靠的依据；再次是尽快制定适合于民办高校特点的暂行会计制度，该制度应有利于对民办高校在审计评估时有统一的标准；第四是制定民办高校积极偿还银行债务的政策，一种情况是民办高校债务不转入高校，而主要由出资人承担，明确出资人创办高校的利润额度，具体由民办高校董事会决定，还完为止，另一种是债务转入民办高校，计入办学成本，出资人按国家规定收取办学回报；最后是简化合理回报的程序，明确操作步骤。

四、依法规范民办高校法人治理结构

完善的法人治理结构和规范的内部管理，是确保民办高校安全运行和健康发展的关键。目前，一些民办高校内部管理较为混乱，少数高校办学行为失落现象较为突出。

首先是按照国务院办公厅及教育部关于加强民办学校规范管理的有关文件规定，深入贯彻《民办教育促进法》及其实施条例精神，督促民办学校健全内部法人治理结构，建立灵敏有效的权力制衡机制，完善科学民主的决策制度，规范各项基础管理；其次是采取切实可行的措施，强化对民办学校的监督与管理，民办学校的招生简章和广告必须经审批机关备案后发布，教育行政部门有权对民办院校的办学经费使用情况进行检查，对违反相关规定的办学行为，可视其情节轻重作出通报批评、经济处罚、减少招生、吊销办学许可证、追究当事人法律责任；最后是在民办高校设立督导专员岗位，督导专员的工资应由政府支付，对党群组织比较健全、内部管理制度比较完善且实际运行良好的民办高校，可先由政府和学校协商产生督导专员人选（一般是现有党组织的主要负责人），经政府审核同意后，正式任命为督导专员，对情况较差的民办高校，可直接派驻政府督导专员，每年由政府组织督导专家组，对民办高校进行检查并向政府汇报，及时采取相应措施。

结　　语

面向21世纪的知识经济时代，世界各国都在纷纷制定面向未来的经济竞争、社会发展、科技进步和人力资源开发所需要的高等教育长期发展战略，以谋取最大的发展空间和国家利益。西方发达国家在高等教育资源配置方面积累了很多有益经验，值得我国借鉴。

我国是一个发展中的人口大国，数量扩张型的增长方式使得我国高等教育资源不足与经济社会发展需求之间的巨大矛盾得到了缓解。

目前，具有中国特色的高等教育基本构架和发展模式已初见雏形，但是也存在着诸多不足，比如城乡之间、区域之间、学校之间的师资和办学条件之间差距较大，部分公共教育资源缺乏监管等。这严重阻碍了我国高等教育的可持续快速发展，使得高等教育资源的有限性与高等教育事业发展需求之间的矛盾进一步加剧，直接影响了高等教育的良性发展、教育竞争力的提高以及和谐社会的构建。

如何使有限的资源发挥最大的效用，成为我国高等教育发展过程中亟待解决的重大问题之一。

本书通过系列分析，最后提出了深化高等教育资源配置改革的对策建议：一是构建中国高等教育资源配置的新型体制；二是转变高等教育的办学理念，实施“培养创新型人才”的国家战略；三是彻底转变教育发展方式，由外延型向内涵型转变。

需要指出的是，由于笔者水平有限，对开展“中国高等教育资源配置改革问题及对策研究”还很肤浅，需要在以后的学习和研究中进一步提高自身能力。

参 考 文 献

[1] 洪银兴. 经济转型和发展研究 [M]. 北京：经济科学出版社，2008.

[2] 康 宁. 中国经济转型中高等教育资源配置的制度创新 [M]. 北京：教育科学出版社，2005.

[3] 闵维方. 高等教育运行机制研究 [M]. 北京：人民教育出版社，2003.

[4] 赵庆典. 高等学校办学模式研究 [M]. 北京：人民教育出版社，2005.

[5] 袁振国. 发展我国教育产业政策研究 [M]. 上海：华东师范大学出版社，2002.

[6] 刘志民. 教育经济学 [M]. 北京：北京大学出版社，2007.

[7] 劳凯声. 中国教育法制评论 [M]. 北京：教育科学出版社，2002.

[8] 程方平. 中国教育问题报告 [M]. 北京：中国社会科学出版社，2002.

[9] 毕宪顺. 权力整合与体制创新——中国高等学校内部管理体制改革研究 [M]. 北京：教育科学出版社，2006.

[10] 程勉中. 现代大学管理机制 [M]. 北京：人民教育出版社，2006.

[11] 褚宏启. 中国教育管理评论 [M]. 北京：教育科学出版社，2004.

[12] 娄成武，史万兵. 教育经济与管理 [M]. 北京：中国人民大学出版社，2004.

[13] 国家教育发展研究中心. 中国教育绿皮书——中国教育政策年度分析报告 [C]. 北京：教育科学出版社，2002、2003、2004、2005、2006、2007.

[14] 魏礼群. 中国经济体制改革 30 年回顾与展望 [M]. 北京：人民出版社，2008.

[15] 青连斌. 分配制度改革与共同富裕 [M]. 南京：江苏人民出版社，2004.

[16] 弓　克. 振兴吉林老工业基地重大问题研究Ⅲ [M]. 长春：吉林人民出版社，2006.

[17] 丁小浩. 中国高等院校规模效益的实证研究 [M]. 北京：教育科学出版社，2000.

[18] 郝克明. 谈松华. 市场经济与教育改革 [M]. 南宁：广西教育出版社，1996.

[19] 黄恒学. 我国事业单位管理体制改革研究 [M]. 哈尔滨：黑龙江人民出版社，2000.

[20] 厉以贤，李明德. 马克思、恩格斯教育学说探讨 [M]. 北京：教育科学出版社，1985.

[21] 马克思. 资本论（第 1—3 卷）[M]. 北京：人民出版社，1975.

[22] 马克思，恩格斯. 马克思恩格斯全集（第 25 卷）[M].

北京：人民出版社，1972.

［23］马克思，恩格斯. 马克思恩格斯全集（第46卷）［M］. 北京：人民出版社，1975.

［24］马克思，恩格斯. 马克思恩格斯选集（第1，3卷）［M］. 北京：人民出版社，1975.

［25］毛泽东. 毛泽东著作选读［M］. 北京：人民出版社，1986.

［26］邓小平. 邓小平文选（第三卷）［M］. 北京：人民出版社，1993.

［27］江泽民. 江泽民文选（第1，2，3卷）［M］. 北京：人民出版社，2006.

［28］中共中央文献研究室. 江泽民论有中国特色社会主义［M］. 北京：中央文献出版社，2002.

［29］十六大报告辅导读本［C］. 北京：人民出版社，2002.

［30］十七大报告辅导读本［C］. 北京：人民出版社，2008.

［31］张男星. 对高等教育资源的提问［J］. 教育探索，2000（2）.

［32］郑新立. 从制度上更好发挥市场在资源配置中的基础性作用［N］. 人民日报，2007-11-9.

［33］张宏霞. 改革开放以来中国财政教育投资问题研究［J］. 经济与管理，2009（4）.

［34］邵争艳，傅毓维. 黑龙江省高等教育资源配置现状及优化对策研究［J］. 黑龙江高教研究，2004（10）.

［35］管培俊. 论教育人力资源配置的二元结构［J］. 高等教育研究，2008（8）.

［36］李秉中. 完善我国义务教育投入制度的思考［J］. 教育

研究，2008（6）.

[37] 徐国成，徐充. 我国教育投资现状与投资战略分析[J]. 人口学刊，2008（5）.

[38] 胡大白. 高等教育大众化阶段教育资源配置的体制创新 [J]. 黄河科技大学学报，2008（9）.

[39] 张秀英. 美国西部高等教育资源配置对振兴吉林老工业基地的启示 [J]. 外国教育研究，2008（2）.

[40] 刘惠林. 振兴东北老工业基地与高等教育资源配置[J]. 黑龙江高教研究，2004（10）.

[41] 黄源，王茜. 从宏观层面看我国高等教育资源配置的现状 [J]. 天府新论，2007（12）.

[42] 李明. 高等教育资源的配置与市场机制的关系 [J]. 教育与经济，2002（1）.

[43] 吴国生. 高等教育资源配置的三种力量理论及对我国的现实意义 [J]. 中央财经大学学报，2008（6）.

[44] 康宁. 高等教育资源配置：规律与变迁趋势 [J]. 教育研究，2004（2）.

[45] 康宁. 高等教育资源配置中学术力量的回归 [J]. 清华大学教育研究，2004（2）.

[46] 夏丽萍. 高等教育资源配置主体探讨 [J]. 经济体制改革，2005（2）.

[47] 王亚雄. 高校教育资源配置效率的实证分析 [J]. 财经理论与实践，2007（3）.

[48] 雷丽珍，王红. 混合配置：高等教育资源配置方式的合理选择 [J]. 教育管理纵横，2003（8）.

[49] 王寰安. 教育资源配置竞争基础 [J]. 当代教育科学，

2008（11）.

［50］张庆祥. 教育资源配置效率研究［J］. 鸡西大学学报，2004（2）.

［51］马晓燕. 教育资源配置与教育供求关系探析［J］. 安庆师范学院学报，2000（12）.

［52］刘晖，邹艳春. 论保护教育产权与优化教育资源配置［J］. 教育研究，2004（4）.

［53］江小惠. 试论我国高等教育资源配置在市场经济中的变革与抉择［J］. 江苏理工大学学报，1996（1）.

［54］陈金艳. 推进高等教育资源配置与优化投资环境的思考［J］. 现代财经，2007（5）.

［55］马成昌，许寒梅. 我国高等教育资源配置存在的问题及解决的对策［J］. 教育探索，2012（5）.

［56］吕红梅. 优化江苏沿江地区高等教育资源配置的设想［J］. 江苏高教，2008（1）.

［57］康宁. 转型期我国高等教育资源配置制度变迁的基本特征［J］. 复旦教育论坛，2004（6）.

［58］宫振胜. 综合性大学中师范教育资源的配置与整合［J］. 青岛大学师范学院学报，2006（6）.

［59］刘占高，张杰. 论劳动力流动对区域经济发展的影响［J］. 北方争鸣，2009（5）.

［60］蒋满元，唐玉斌. 现阶段我国经济增长的源泉分析［J］. 当代经济管理，2009（4）.

［61］刘新. 中国城乡二元经济社会结构形成的原因分析［J］. 农业经济，2009（5）.

［62］周芬芬. 城乡教育差距的分析视角与实践模式［J］. 华

中师大学报，2009（1）.

[63] 李涛. 对统筹城乡教育综合改革的若干建议 [J]. 西华大学学报，2008（10）.

[64] 李涛. 教育核心聚点论与二元教育统筹论 [J]. 天津师大学报，2009（1）.

[65] 陈云芳. 略论政府在推进城乡教育和谐发展中的作用 [J]. 内蒙古农业大学学报，2008（4）.

[66] 韩秀华. 论城乡二元教育与劳动力异质性 [J]. 经济问题，2008（8）.

[67] 刘美平. 论中国特色城乡协同发展理论 [J]. 马克思主义研究，2008（12）.

[68] 秦元芳. 试论农村剩余劳动力有序转移的制度改革与创新 [J]. 经济问题探索，2008（9）.

[69] 王冲. 统筹城乡进程中四川省农村人力资源开发的现状及对策 [J]. 价格月报，2009（9）.

[70] 付铁玉. 试论中国城乡二元社会结构的解构 [J]. 理论观察，2009（1）.

[71] 刘赣州. 政府权力、机会不平等与社会收入差距：中国分配制度的转型特征 [J]. 生产力研究，2008（23）.

[72] 某省教育科学院课题组. 关于吉林省教育结构调整的调查与思考 [J]. 现代教育科学，2005（4）.

[73] 栾贵勤，王承东. 吉林省教育发展战略构想 [J]. 工业技术经济，1994（1）.

[74] 张丽，吕康银. 透视吉林省高等教育布局对经济的影响 [J]. 经济视角，2005（7）.

[75] 李小刚，吴景森. “十五”吉林省经济结构调整思路及

对策研究［J］. 经济视角，1999（11）.

［76］徐勇，侯玲. "十五"期间吉林省经济社会发展思路研究［J］. 经济视角，1999（7）.

［77］张海燕，肖琦. 产业结构与吉林省经济增长的关联性分析［J］. 吉林省教育学院学报，2005（2）.

［78］方本挺，赵春梅. 从市场需求看吉林省经济增长领域［J］. 经济视角，1998（5）.

［79］胡鞍钢. 对吉林省经济发展态势的分析及对策建议［J］. 长白学刊，2003，4.

［80］杨会晏. 吉林省经济产业结构的变化与发展战略［J］. 东北亚论坛，1998（2）.

［81］徐邦家，丁朝玉. 吉林省经济发展趋势及取向［J］. 经济视角，1999（9）.

［82］吉林省社会科学院课题组. 吉林省经济发展深层次矛盾研究［J］. 社会科学战线，2002（1）.

［83］丁晓燕. 吉林省经济发展新增长点研究［J］. 社会科学战线，1999（3）.

［84］中共吉林省委政策研究室. 吉林省经济结构调整的对策研究［J］. 社会科学战线，2000（4）.

［85］王锦功，杜克诚. 吉林省经济增长的趋势分析与预测［J］. 吉林大学社会科学学报，1998（1）.

［86］方本挺，娄永海. 吉林省经济增长方式浅析［J］. 经济纵横，1997（9）.

［87］魏蕾，杜国宁. 21世纪日本高等教育体制改革透视［J］. 现代日本经济，2005（2）.

［88］黄河，周采. 从新制度经济学视角透视美国教育体制

改革 [J]. 外国中小学教育，2005 (4).

[89] 王梅仙. 当前高等教育体制改革的若干关键问题 [J]. 江苏高教，2004 (5).

[90] 苗贞，张丽. 俄罗斯高等教育体制改革研究 [J]. 科技资讯，2007 (27).

[91] 康宁. 当前我国高等教育体制改革与结构调整的理论基础 [J]. 教育研究，2000 (10).

[92] 赵爽. 对农村义务教育管理体制改革的思考 [J]. 教育探索，2002 (6).

[93] 王爱国. 发达国家高等教育管理体制改革动向及其启示 [J]. 中国高教研究，1998 (3).

[94] 李宜江. 基础教育体制改革的特点与走向 [J]. 当代教育论坛，2007 (7).

[95] 钱津. 论人力资本开发与教育体制改革 [J]. 求是学刊，2001 (3).

[96] 李蓉. 论政府在高等教育管理体制改革中的职能定位 [J]. 黑龙江教育，2007 (12).

[97] 刘湘玉. 明晰教育产权，促进教育体制改革与创新 [J]. 中国高教育研究，2005 (9).

[98] 傅久岭. 农村教育体制改革初探 [J]. 宏观经济管理，2002 (5).

[99] 蒲蕊. 评估型政府与公共教育体制改革 [J]. 教育研究，2006 (6).

[100] 方铭琳. 深化义务教育管理体制改革的思考与建议 [J]. 教育理论与实践，2000 (6).

[101] 陈开华，聂国朝. 我国教育体制改革的历程探析 [J].

求实，2004（6）.

［102］王文龙. 新农村建设的核心是农村教育体制改革［J］. 学术论坛，2006（12）.

［103］欧阳光华. 一体与多元——欧盟教育政策述评［J］. 比较教育研究，2005（1）.

［104］李承先. 长江三角洲地区高等教育一体化发展的战略构想［J］. 中国农业教育，2003（6）.

［105］夏丽萍. 高等教育资源配置研究［D］. ［博士学位论文］. 成都：四川大学，2006.

［106］孔金平. 东北振兴与转型互动研究［D］. ［博士学位论文］. 北京：中国人民大学，2006.

［107］王雪峰. 高等教育的资本运营研究［D］. ［博士学位论文］. 南京：河海大学技术经济学院，2001.

［108］孙希波. 黑龙江省高等教育与经济协调发展研究［D］. ［博士学位论文］. 哈尔滨：哈尔滨工程大学，2006.

［109］宋旭峰. 建国以来江苏省高等教育发展结构分析［D］. ［博士学位论文］. 南京：南京师范大学，2005.

［111］范明. 江苏省高等教育与经济协调发展研究［D］. ［博士学位论文］. 南京：河海大学，2003.

［112］徐清祥. 教育投资与政府调控［D］. ［博士学位论文］. 北京：中国社会科学院研究生院，2002.

［113］杨秀芹. 教育资源利用效率与教育制度安排［D］. ［博士学位论文］. 武汉：华中师范大学，2006.

［114］许丽英. 教育资源配置理论研究［D］. ［博士学位论文］. 长春：东北师范大学，2007.

［115］王卓. 教育资源配置问题的理论研究［D］. ［博士学

位论文]．长春：东北师范大学，2005.

[116] 荣志远．区域人才资源开发与区域经济增长的实证研究 [D]．[博士学位论文]．兰州：兰州大学，2007.

[117] 杨波．我国大城市劳动力市场分割的理论与实践 [D]．[博士学位论文]．上海：华东师范大学，2008.

[118] 李霞．我国教育投资中的政府行为研究 [D]．[博士学位论文]．成都：西南财经大学经济系，2007.

[119] 朱雪文．中国高等教育区域分布研究 [D]．[博士学位论文]．上海：华东师范大学经济系，2002.

[120] 叶欣茹．中国高等教育社会投入需求预测 [D]．[博士学位论文]．武汉：华中科技大学，2005.

[121] 张显吉．中国教育投资问题研究．[D]．[博士学位论文]．长春：吉林大学，2005.

[122] 邵争艳．中国区域高等教育资源优化配置评价与对策研究 [D]．[博士学位论文]．哈尔滨：哈尔滨工程大学，2006.

[123] 王丹中．转型期中国教育投资制度研究 [D]．[博士学位论文]．南京：南京师范大学，2004.

[124] 霍丽．城乡二元经济差异的人力资本研究 [D]．[博士学位论文]．西安：西北大学，2008.

[125] 韩秀华．中国二元教育下的农村劳动力转移问题研究 [D]．[博士学位论文]．西安：西北大学 2006.

[126] 王震．转型期教育体制改革的经济学分析 [D]．[硕士学位论文]．北京：中国社会科学院研究生院，2005.

[127] 高芳．吉林省教育人力资本投资问题研究 [D]．[硕士学位论文]．长春：吉林大学，2005.

[128] 张永山．吉林省教育与经济协调发展研究 [D]．[硕

士学位论文]. 长春：吉林大学，2007.

[129] 李松. 吉林省经济可持续发展研究 [D]. [博士学位论文]. 长春：吉林大学，2004.

[130] 高文兵. 中国高等教育资源分布与协调发展研究 [M]. 北京：高等教育出版社，2008.

[131] 刘宛晨. 促进我国高等教育入学机会公平的财政政策研究 [J]. 财经理论与实践，2007 (6).

[132] 许剑. 高等教育改革热点问题研究 [M]. 北京：北京师范大学出版社，1997. 81.

[133] 杨德广. 浅议高等教育改革的动因、历程、原则、内容及趋势 [EB/OL]. http：//www. studa. net 2009－02－16.

[134] 秦惠民. 我国高等教育法制建设 30 年——影响、经验与发展方向//改革开放与中国高等教育——2008 年高等教育国际论坛论文汇编 [M]. 哈尔滨：黑龙江教育出版社，2009. 11.

[135] 赵世奎. 三十年来高校毕业生就业制度变革的回顾与现行制度的分析 [J]. 中国高教研究，2008 (8).

[136] 韩志宏. 高校就业制度演变与新形势下大学生就业工作思考 [J]. 广东技术师范学院学报，2010 (2).

[137] 李慧. 解决大学生就业困境需要国家就业政策强力跟进 [J]. 中州学刊，2009 (7).

[138] 彭小波等. 恢复高考后高校毕业生就业制度改革回顾及就业指导工作发展分析 [J]. 江西农业大学学报（社会科学版），2009 (3).

[139] 王向华. 高校毕业生就业制度改革对大学生价值观变迁的影响及建议 [J]. 青少年研究，2010 (10).

[140] 李新春. 市场经济背景下我国民办教育若干问题探讨

[D]. [硕士学位论文]. 福州：福建师范大学，2003.

[141] 齐超：制度含义及其本质之我见 [J]. 长春：税务与经济，2009 (3).

[142] Nancy Shulock. 1999. The Paradox of Policy Analysis：If It Is Not Used，Why Do We Produce So Much of It? John Wiley & Sons，Inc.

[143] Jay M. Shafritz. 1998. The International Encyclopedia of Public Policy and Administration. Westview Press.

[144] Jerry O' Banion. 1997. A Learning College for the 21st Century. Oryx Press.

[145] Emily Thiroux. 1999. The Critical Edge：Thinking and Researching in A Virtual Society. Prentice—hall，Inc.

[146] Madeleine F. Green. 1997. Transforming Higher Education：Views from Leaders Around the World. Oryx Press.

[147] Shery L. Bond，Jean — Pierre Lemasson. 1999. A New World of Knowledge. International Development Research Centre.

[148] Thomas H. Hammond，Jack H. knott. 1999. Political Institutions，Public Management，and Policy Choice. J—PART.

[149] Paul Windolf. 1997. Expansion and Structural Change：Higher Education in Germany，the United States，and Japan，1870—1990. Colorado：Westview Press.

[150] Lee Suk Yee，Teresa. 1997. An Analysis of Planning in Higher Education Policy in Hong Kong. University of Hong Kong.